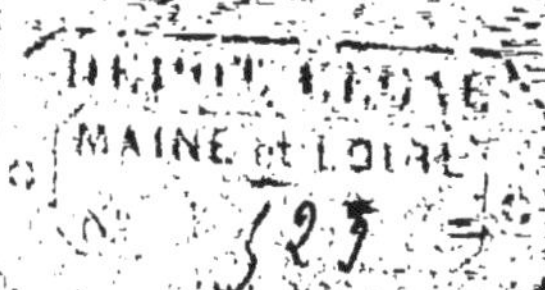

MANUEL PRATIQUE
D'ARBORICULTURE
FRUITIÈRE

PAR

J.-B. FOCQUEREAU-LENFANT

PROFESSEUR D'ARBORICULTURE A LA SOCIÉTÉ D'HORTICULTURE D'ANGERS
ET DU DÉPARTEMENT DE MAINE-ET-LOIRE
MEMBRE TITULAIRE DE LA SOCIÉTÉ D'HORTICULTURE D'ANGERS
ET DE LA SOCIÉTÉ POMOLOGIQUE DE FRANCE
MEMBRE HONORAIRE DE LA SOCIÉTÉ CENTRALE D'HORTICULTURE DE RENNES

Ouvrage orné de gravures intercalées dans le texte

PRIX : 3 fr. 50

ANGERS
GERMAIN & G. GRASSIN, IMPRIMEURS-LIBRAIRES
40, rue du Cornet et rue Saint-Laud

1892

MANUEL PRATIQUE

D'ARBORICULTURE

FRUITIÈRE

MANUEL PRATIQUE

D'ARBORICULTURE

FRUITIÈRE

PAR

J.-B. FOCQUEREAU-LENFANT

PROFESSEUR D'ARBORICULTURE A LA SOCIÉTÉ D'HORTICULTURE D'ANGERS
ET DU DÉPARTEMENT DE MAINE-ET-LOIRE
MEMBRE TITULAIRE DE LA SOCIÉTÉ D'HORTICULTURE D'ANGERS
ET DE LA SOCIÉTÉ POMOLOGIQUE DE FRANCE
MEMBRE HONORAIRE DE LA SOCIÉTÉ CENTRALE D'HORTICULTURE DE RENNES

Ouvrage orné de gravures intercalées dans le texte

ANGERS
GERMAIN & G. GRASSIN, IMPRIMEURS-LIBRAIRES
40, rue du Cornet et rue Saint-Laud

1892

AVANT-PROPOS

Le Manuel d'Arboriculture que nous publions, n'est que le résumé des cours que la Société d'horticulture d'Angers a bien voulu nous charger de faire aux élèves jardiniers et aux amateurs désirant s'instruire dans l'art de cultiver les arbres fruitiers.

La culture des arbres à fruits a pris depuis vingt ans, dans notre région, une grande extension ; elle est, à l'heure actuelle, une des branches les plus productives du jardinage, grâce à l'exportation des fruits sur tous les grands marchés de France et d'Europe.

Mais combien de personnes, parmi celles qui font des plantations d'arbres fruitiers, savent donner à ces arbres les soins qu'ils réclament pour en obtenir le maximum de rendement? Très peu, assurément.

C'est dans le but de les éclairer à ce sujet, et aussi pour fixer d'une manière plus précise dans l'esprit de nos élèves les leçons que nous leur donnons, que nous avons eu l'idée de publier ce livre.

Si nous avons atteint ce double but, nous sommes satisfait.

NOTA. — *Les figures marquées d'un H ont été empruntées au* Cours pratique d'arboriculture fruitière *du Frère Henry, de Rennes, celles marquées d'un O l'ont été au* Manuel d'arboriculture fruitière *de M. E. Ouvray, de Saint-Ouen.*

MANUEL PRATIQUE

D'ARBORICULTURE

FRUITIÈRE

PREMIÈRE PARTIE

CHAPITRE I

Anatomie végétale

L'arbre présente, dans sa structure, un certain nombre de parties ou organes que l'on peut classer en trois groupes : les organes conservateurs, les organes reproducteurs et les organes élémentaires.

Les organes conservateurs sont : la racine, la tige et les feuilles.

Racine. — La racine sert à fixer l'arbre au sol dans lequel elle puise la nourriture nécessaire à l'arbre.

On reconnaît dans cet organe trois parties : le *collet*, le *corps* et les *radicelles*

Le *collet* est la ligne de démarcation entre la tige et la racine.

Le *corps* est la principale partie de la racine ; il produit les radicelles, comme la tige développe les branches.

Les *radicelles* sont les dernières divisions de la racine ; on donne à leur ensemble le nom de *chevelu*. Elles servent à établir une communication directe entre le corps de la racine et le sol ; elles puisent dans la terre les sucs nécessaires à la vie de l'arbre.

Tige. — La *tige* est la partie de l'arbre qui porte les bourgeons et les feuilles et qui, le plus souvent, est aérienne; elle naît au même point que la racine, en s'allongeant en sens inverse, elle s'élève vers le ciel tandis que la racine s'enfonce en terre.

La tige se compose d'organes intérieurs et d'organes extérieurs.

Organes extérieurs. — Ils sont au nombre de quatre : les *bourgeons*, les *rameaux*, la *branche* et le *tronc*.

Les *bourgeons* naissent des boutons ; c'est la première phase des ramifications de l'arbre. Lorsque les bourgeons ont cessé de croître, vers l'automne, ils prennent le nom de *rameaux* ; c'est le deuxième état des ramifications de l'arbre.

Le rameau conserve ce nom jusqu'au réveil de la végétation; là, tous les boutons, placés sur les rameaux, donnent naissance à de nouveaux bourgeons, qui, à l'automne, deviennent à leur tour rameaux; le rameau primitif prend alors le nom de *branche*, c'est le troisième et dernier état des ramifications de l'arbre.

Le *tronc* est la partie qui supporte toutes les ramifications dont nous venons de parler.

Organes intérieurs. — En coupant un tronc d'arbre, on y remarque trois parties principales : la *moelle*, le *corps ligneux* et *l'écorce.*

La *moelle* est une partie spongieuse qui se trouve au centre de l'arbre. Elle est plus abondante dans les jeunes arbres que dans les vieux. On l'appelle aussi *canal médullaire.*

Le *corps ligneux* est formé de deux parties : le *bois parfait* et *l'aubier.*

Le *bois parfait* comprend les couches ligneuses, les plus rapprochées du canal médullaire; les couches ligneuses les plus extérieures constituent l'aubier, de sorte que l'aubier est en quelque sorte du bois à l'état d'enfance.

La partie qui recouvre le corps ligneux est *l'écorce*, qui se compose du *liber*, des *couches corticales*, du tissu *sous-épidermique* ou *sous-épidermoïde*, et de *l'épiderme.*

Le *liber* est la couche la plus intérieure de l'écorce, qui se trouve en contact direct avec l'aubier. Il est composé de couches minces, comparables aux feuillets d'un livre, ce qui lui a fait donner son nom de liber.

En dehors du liber, on rencontre, dans les arbres un peu âgés, les *couches corticales*, qui ne sont autre chose que d'anciennes couches du liber, desséchées par le temps, tandis que dans les jeunes tiges, on trouve, au-dessus du liber, un tissu herbacé de couleur verdâtre ; c'est ce que l'on nomme tissu *sous-épidermoïde*.

Enfin, en dehors du tissu sous-épidermoïde, et tout à la surface, on trouve une couche mince et transparente, *l'épiderme*.

Bouton. — Les boutons sont ronds, ovales ou coniques. Il y a deux principales sortes de boutons : les boutons à fleurs et les boutons à bois. On distingue encore dans les boutons à fleurs, les boutons à fleurs simples comme dans le pêcher, l'amandier et l'abricotier, les boutons à fleurs doubles comme dans le prunier, le cerisier, le poirier et le pommier.

Les boutons à bois sont minces et quelquefois arrondis selon la nature des arbres.

Les boutons à fleurs sont gros, ovales ou coniques selon les variétés d'arbres.

Au printemps, lorsque le bouton commence à

paraître, on lui donne le nom d'*œil* ; à l'automne, cet œil, complètement formé, prend le nom de *bouton*.

Feuille. — La feuille est l'un des organes qui contribuent le plus à la constitution de l'arbre. Elle est ordinairement formée de deux parties : le *pétiole* et le *disque* ou *limbe*.

Le pétiole, ou queue de la feuille, est le petit support qui unit le disque au bourgeon. Quelquefois le pétiole manque, et la feuille est dite *sessile*.

Le disque ou limbe est une partie mince et large que porte le pétiole.

On remarque de plus dans la feuille, les *nervures* qui se subdivisent à l'infini et forment un réseau dont les mailles sont remplies d'un tissu auquel on a donné le nom de *parenchyme*.

Si l'on se sert d'un verre grossissant pour examiner les feuilles, on y remarque de petites ouvertures qui portent le nom de *pores* ou *stomates* ; non seulement, les feuilles sont pourvues de pores, mais les fruits en sont également couverts.

Organes reproducteurs

Les organes reproducteurs sont les fleurs et les fruits.

La fleur se compose des *enveloppes florales* et des *organes sexuels*.

Les enveloppes florales sont le *calice* et la *corolle*.

Le calice est l'enveloppe la plus externe de la fleur. Il se présente sous forme de petites lames vertes, quelquefois coloriées. Parfois, ce calice est formé d'une seule pièce et quelquefois de plusieurs; dans ce dernier cas on donne le nom de *folioles calicinales* aux divisions du calice.

La corolle est également formée de lames plus ou moins arrondies sur leur bord externe, et qui sont souvent d'un brillant coloris. On donne aux divisions de la corolle le nom de *pétales*.

Les organes sexuels sont les *étamines* et le *pistil*.

Les étamines, ou organes mâles, présentent trois parties : le *filet*, l'*anthère* et le *pollen*.

Le filet est un support qui porte l'anthère à son sommet.

L'anthère est une sorte de bourse contenant le pollen.

Le pollen est la poussière fécondante des végétaux.

Le pistil, ou organe femelle, est également composé de trois parties : l'*ovaire*, le *style* et le *stigmate*.

L'ovaire est la partie placée à la base du pistil. Cet organe renferme dans une ou plusieurs cavités, ou *loges*, les semences destinées à être fécondées, et les abrite jusqu'à la maturation du fruit; c'est le seul organe qui reste en fonction après la floraison.

Le style est supporté par l'ovaire et terminé par le stigmate.

Le stigmate est un corps glanduleux et humide placé au sommet du style, qui offre une communication directe entre le stigmate et les loges de l'ovaire. Le stigmate et l'anthère sont les deux parties essentielles à la fécondation. Il arrive quelquefois que les étamines et le pistil sont réunis dans la même fleur : ce sont alors des fleurs *hermaphrodites;* d'autres fleurs n'offrent que des étamines, ce sont des fleurs *mâles;* d'autres fois on ne remarque que des pistils, on leur donne le nom de fleurs *femelles.*

Le poirier, le pommier et le prunier, dont les fleurs présentent les deux sexes, sont des arbres hermaphrodites.

Les arbres qui présentent des fleurs mâles et des fleurs femelles sur le même sujet, comme le noisetier, le chêne, etc., sont appelés *monoïques.*

Les fleurs mâles du noisetier sont en forme de chatons longs, tandis que les fleurs femelles présentent l'aspect d'un bouton rond et écailleux.

Il y a aussi certains arbres et arbrisseaux dont les uns n'ont que des fleurs mâles et d'autres de la même espèce que des fleurs femelles, comme cela se remarque dans les saules, les peupliers et dans les aucubas ; ces arbres sont appelés *dioïques*.

Fruit. — Le fruit se compose de deux parties principales : le *péricarpe* et les *semences*.

Le péricarpe représente toute la partie du fruit ; c'est l'enveloppe des semences.

La semence se trouve donc à l'intérieur du fruit et se compose en général de quatre parties :

1° Le *cordon ombilical*, sorte de filet qui rattache la semence au péricarpe ;

2° La *tunique* qui est l'enveloppe externe de la graine ;

3° Le *périsperme* qui enveloppe l'embryon, et qui est de nature tantôt cornée, tantôt farineuse ;

4° L'*embryon* qui est recouvert par la tunique et le périsperme. L'embryon se divise lui-même en trois parties qui sont la *radicule*, la *plumule* et le ou les *cotylédons*.

La radicule est la partie qui s'enfonce dans le sol, lors de la germination, pour y absorber la nourriture nécessaire à la nouvelle plante.

La plumule est la partie destinée à former la tige ; elle se dirige en sens inverse de la radicule.

Les cotylédons sont deux masses épaisses et charnues qui enveloppent la radicule et la plumule avant la germination. Les cotylédons ont pour fonction de nourrir la jeune plante à l'état d'enfance; plus tard, quand la plante peut se suffire elle-même, ils se dessèchent et tombent.

Organes élémentaires

Tous les organes dont nous venons de parler sont eux-mêmes formés d'organes plus simples. Vus à l'aide d'un verre grossissant, ils apparaissent sous forme de tubes ou vaisseaux constituant le *tissu vasculaire;* ou bien ils présentent un assemblage de cellules, on leur donne alors le nom de *tissu cellulaire.*

Le tissu vasculaire, examiné au microscope, se présente sous l'aspect de tubes qui parcourent les différents organes des plantes, en s'unissant de distance en distance et simulant les mailles d'un filet.

Ce tissu se rencontre abondamment dans les couches du corps ligneux et du liber; il existe également dans le pétiole et dans les nervures des feuilles.

Le tissu cellulaire est formé d'une multitude de petites vésicules agglomérées; son apparence est celle de l'eau de savon quand on l'agite. On le trouve dans toutes les parties molles des arbres; la moelle en est entièrement formée; le tissu épidermoïde et le parenchyme des feuilles en sont également constitués.

Physiologie végétale

La physiologie végétale est la science qui traite de la vie et des fonctions organiques des arbres ; elle comprend la *germination* des graines, la *nutrition*, *l'accroissement*, la *reproduction* et la *mort*.

La germination est la première évolution des graines confiées à la terre.

La nature du sol influe beaucoup sur la germination ; les graines pour germer doivent être mises dans un sol léger et bien meuble.

Les grosses graines, telles que les amandes ou autres noyaux, seront enfouies de 0^m05 à 0^m10 en terre, tandis que les petites, telles que les pépins de poirier ou de pommier, seront seulement enfouies de $0^m 03$ à 0^m05.

Depuis longtemps déjà, les pépiniéristes ont pris l'habitude de faire stratifier les graines avant de les confier au sol. C'est là le meilleur procédé, quelles que soient la nature et la grosseur des graines.

La stratification se fait dans du sable, de préférence à l'exposition au midi, près d'un mur et exempt d'humidité ; il est toujours plus facile d'arroser s'il y a trop de sécheresse, que de retirer l'humidité s'il y en a un excès. Avec ces précautions, lorsque les graines auront germé, on pourra les confier au terrain qui doit être préparé à cet effet, en les mettant à distance voulue. Les pépins de pommier et poirier sont même mis à stratifier sous châssis ; c'est là le plus sûr garant de la stratification.

Soins à donner lorsque l'on met les graines en place. — Afin d'obtenir un meilleur résultat dans la production des racines, on prendra soin de pincer les plus grosses radicules, afin d'avoir de meilleures divisions dans les racines et d'assurer par là une bonne reprise lorsque l'on plantera en pépinière.

Nutrition. — Les organes absorbants des arbres sont les racines et les feuilles. Les racines puisent dans le sol les matières propres à la nutrition. Les matières qui, avec l'aide de l'eau, sont introduites dans l'arbre par les racines, sont : l'*acide carbonique*, l'*acide azotique*, le *soufre*, l'*ammoniaque* provenant des engrais que les racines trouvent dans le sol, et les *sels minéraux*. L'eau chargée de matières solubles, entre alors dans les radicelles et prend à ce moment le nom de *sève* ; il y a deux sortes de sève, la *sève ascendante* et la *sève descendante*.

La sève ascendante, partant des racines, s'élève jusqu'aux feuilles en passant par tout le corps ligneux et principalement par l'aubier ; c'est ce phénomène qui a valu à cette sève le nom de sève ascendante.

Les feuilles puisent dans l'atmosphère de l'oxygène et de la vapeur d'eau. La sève ascendante, arrivant dans les feuilles, y subit plusieurs modifications ; l'humidité est rejetée dans l'air sous forme de vapeur aqueuse par tous les pores qui couvrent la surface de la feuille. La sève, après avoir subi des modifications dans le tissu cellulaire des feuilles, acquiert le caractère d'un nouveau fluide appelé *cambium* ; alors elle redescend par les vaisseaux les plus intérieurs du liber jusqu'à l'extrémité des racines. On donne à ce second mouvement de la sève le nom de *sève descendante*. Dans cette évolution, elle détermine la formation d'une couche d'aubier et d'une couche de liber.

Accroissement. — Le cambium, élaboré par les feuilles pendant la végétation, reste en majeure partie en dépôt dans les tissus de l'arbre jusqu'au réveil de la végétation ; à ce moment, tous les boutons se gonflent ; l'ascension de la sève, aidée par le cambium en réserve, produit un développement général dans l'arbre ; c'est alors que commence l'accroissement en longueur et en diamètre de tous les bourgeons, accroissement qui se continue pendant toute la végétation. L'accroissement des racines est en tout semblable à celui de la tige ; il se fait en proportion de l'accroissement de l'arbre.

Reproduction et fructification. — C'est par les

fleurs et les fruits que se reproduisent les arbres. (Voir la germination, page 16.) Plus les arbres son vigoureux, moins ils se portent à fruits ; ce n'est auss que lorsque l'arbre acquiert un certain âge qu'il donn du fruit. L'arbre soumis à la taille fructifie plus tô et plus régulièrement que ceux qui sont abandonné à eux-mêmes ; l'arbre bien conduit doit donner tou les ans, à moins qu'il ne survienne des accidents par suite d'intempéries ou d'autres causes, tandi que les autres ne donnent régulièrement que tou les deux ans. Voici la cause de cette différence dans la fructification : le fruit et les feuilles dépensant à égale dose la sève fournie par les racines, il s'ensuit qu'une partie du cambium sert à nourrir le fruit au lieu de retourner constituer les boutons à fruits ; de là un retard d'un an pour la fructification au contraire les arbres soumis à la taille n'ayant d fruits à nourrir qu'autant qu'il est nécessaire, la taille et les pincements refoulant toujours la sève sur la lambourde en formation, la fructification est régulière.

Fécondation. — Pendant la floraison, les anthères, parties essentielles des organes mâles, s'entr'ouvrent et répandent le pollen, poussière fécondante, sur le stigmate qui est une des parties essentielles des organes femelles.

Mort des arbres. — Les arbres, lorsqu'ils se trouvent dans un bon terrain, peuvent vivre longtemps et donner beaucoup de fruits. La mort des arbres fruitiers dépend souvent des soins qu'ils ont reçus et des fruits qu'ils ont donnés.

CHAPITRE II

Agents naturels de la végétation

Les agents naturels de la végétation sont l'*eau*, l'*air*, la *lumière* et la *température*.

De l'eau. — Sans l'eau, la terre n'aurait aucune propriété ; non seulement l'eau sert à dissoudre les matières nutritives des végétaux, mais elle aide encore la sève à les charrier dans les diverses parties de l'arbre et à donner de nouveaux matériaux au développement.

De l'air. — L'air est nécessaire au développement des végétaux ; sans air, l'arbre se constituerait mal ou s'étiolerait.

De la lumière. — La lumière est indispensable à la végétation ; elle produit le phénomène de la nutrition dans les plantes ; c'est sous l'influence de la lumière que se fait, dans les parties vertes des arbres, la décomposition du gaz acide carbonique en carbone et oxygène ; la plante fixe le carbone et rejette l'oxygène.

De la température. — La température influe également sur la végétation de l'arbre.

Une température chaude augmente l'absorption par les racines et la transpiration par les feuilles, elle accélère la germination des graines, la floraison, la fécondation et la maturation des fruits, tandis qu'une température froide produit les résultats inverses et ralentit les fonctions de tous les organes.

Du climat. — La connaissance des climats est de la plus grande importance pour l'arboriculture : les agents naturels dont nous venons de parler, et surtout la chaleur, constituent le climat d'une contrée. Le sol est un des agents naturels les plus importants à connaître ; il n'est pas toujours propice à recevoir tous les arbres; c'est pour cela qu'il est utile d'approprier au sol les essences d'arbres qui lui conviennent; c'est alors qu'on emploie, suivant la nécessité, des arbres à racine traçante ou des arbres à racine pivotante.

Du sol arable. — On donne le nom de sol arable à la couche de la surface de la terre qui est remuée par les instruments aratoires et où se développent les racines.

Du sous-sol. — Le sol arable n'est pas toujours suffisant pour donner à la culture tous les résultats désirables ; il est donc nécessaire d'étudier le sous-sol. Il n'est pas rare de voir dans le même enclos des arbres ayant une bonne végétation et d'autres ayant au contraire un aspect chétif. Cela tient souvent à un défaut du sous-sol, soit qu'il ait besoin d'un défoncement plus profond, ou bien encore soit que l'eau séjourne à une certaine profondeur ; à cela on n'apporte ordinairement pas assez d'attention. On voit aussi des terrains en pente retenir l'eau en différents endroits ; on a cru, en faisant le défoncement, qu'avec cette pente il était inutile de faire des drainages ; ou bien encore ce sont des parties rocailleuses qui n'ont pas été enlevées. Donc, toutes les fois que le sous-sol présentera des défauts, il faudra les corriger.

Des agents artificiels. — Les agents artificiels de la végétation sont les labours, les binages, les engrais, les abris, les arrosements, et, en un mot, tout ce que la main de l'homme peut faire pour aider et corriger la nature.

CHAPITRE III

Des boutons, des bourgeons, des rameaux et des branches

Je tiens à donner ici le résumé, par rang d'ordre, des productions et des ramifications de l'arbre.

Des boutons. — Les principales sortes de boutons sont les boutons à bois et les boutons à fleurs.

Les boutons à bois sont les boutons *proprement dits*, les boutons *stipulaires*, les boutons *radicaux*, les boutons *latents* ou boutons *adventifs*.

Les boutons proprement dits sont ceux qui naissent sur les rameaux et sur toute la charpente de l'arbre.

Les boutons stipulaires sont ceux qui se développent à l'empâtement même des gros boutons à bois ou à la base des rameaux.

Les boutons radicaux naissent, chaque année, sur le collet de certains arbres, et même jusque sur les racines.

Les boutons latents ou adventifs sont ceux qui se trouvent sur des ramifications déjà âgées, et qui, n'ayant jamais été favorisés ni par la lumière ni par des tailles rapprochées, sont restés inactifs pendant longtemps, sans cependant être éteints tout à fait; il faut, pour les obliger à se développer, pratiquer des entailles, ou des tailles très rapprochées, voire même des ravalements.

On confond également souvent l'œil avec le bouton, ce qui n'est pas du tout la même chose; l'œil prend naissance à l'aisselle de chaque feuille, au fur et à mesure du bourgeonnement; peu de temps après que la feuille est formée l'œil apparaît, plus ou moins vite, selon les variétés d'arbres; puis, vers l'été, au moment où la sève se ralentit, que le bourgeon devient ligneux et qu'il a cessé de croître, l'œil est constitué et prend le nom de bouton.

Il y a aussi deux sortes de boutons à fleurs : les boutons à fleurs simples, comme dans le pêcher, l'amandier, l'abricotier, les boutons à fleurs doubles ou triples, comme dans le cerisier, le prunier, le poirier, le pommier.

On peut remarquer quatre modifications dans le bouton à fruit :

Au printemps, lors de sa naissance, on le trouve à l'état d'*œil*; vers l'automne, à l'état de *bouton*; un an après, à l'état de *dard*, et enfin, la deuxième année, à l'état de bouton à fruits ou *lambourde;* ce n'est donc que la troisième année que l'on trouve le fruit sur l'œil, ayant passé graduellement par toutes les modifications indiquées ci-dessus.

Dans le poirier et dans le pommier, on rencontre quatre sortes de bourgeons, qui sont : les bourgeons *proprement dits*, les bourgeons *radicaux*, les bourgeons *stipulaires* et les bourgeons *anticipés*.

Les bourgeons proprement dits sont ceux qui se développent sur tout le corps de l'arbre.

Les bourgeons radicaux se forment au collet de l'arbre et même sur les racines.

Les bourgeons stipulaires apparaissent à la base de certains rameaux et sur les empâtements mêmes.

Les bourgeons anticipés sont ceux qui naissent sur les bourgeons de l'année, pendant le cours de la végétation.

Des rameaux. — Sur ces mêmes arbres on rencontre trois sortes de rameaux : les rameaux *proprement dits*, les rameaux à *fruits* et les rameaux *anticipés*.

Les rameaux proprement dits sont ceux que l'on rencontre sur toute la charpente de l'arbre.

Les rameaux à fruits sont les petites brindilles ou dards qui se sont allongées et couronnées en lambourdes dans l'année même.

Les rameaux anticipés sont tous ceux qui se sont développés pendant l'été sur les bourgeons, et que l'on retrouve rameaux pendant le repos de la végétation.

Des branches. — On remarque quatre principales sortes de branches, qui sont : les branches *mères*, les branches *sous-mères*, les branches dites *coursons* et les *brindilles*.

Les branches mères ne sont autres que les troncs des arbres, qui donnent naissance à toutes les autres branches.

Les branches sous-mères naissent de la branche mère et constituent la principale charpente de l'arbre.

Les branches dites coursons sont les principales ramifications des branches sous-mères.

Les brindilles sont toutes les petites ramifications qui naissent chaque année sur les coursons, ou à la base d'un prolongement ; elles sont longues de 0^{m}05 à 0^{m}10 environ, et souvent couronnées de lambourdes ou boutons à fruits.

Des rameaux du pêcher. — Le pêcher possède sept espèces de rameaux dont trois à bois et quatre à fruits.

Les trois rameaux à bois sont les rameaux *gourmands*, les rameaux à bois *proprement dits* et les rameaux *anticipés*.

Les rameaux gourmands se trouvent sur tous les pêchers mal soignés et mal équilibrés ; ils sont pourvus de gros empâtements. Lors de la taille en sec, il faut ne leur laisser que les deux boutons de remplacement.

Les rameaux à bois proprement dits ne diffèrent des rameaux gourmands que par leur empâtement qui est moins gros et par leur allongement plus grêle ; cela tient souvent à leur développement tardif et à la position qu'ils occupent, ce qui les force à se développer promptement ; ce sont ces causes particulières qui les empêchent de se porter à fruits. On les taille à deux boutons.

Les rameaux anticipés sont ceux qui se développent pendant l'été sur les bourgeons mêmes de l'année, soit que leur développement ait été provoqué par un pincement ou par la vigueur même du sujet. Ils sont taillés à un ou deux boutons.

Les quatre rameaux à fruits sont : les rameaux *mixtes*, les rameaux à fruits *proprement dits*, les rameaux *bouquets* et les rameaux *chiffons*.

Les rameaux mixtes sont les meilleurs; on les appelle mixtes parce qu'ils possèdent, à la fois, un bouton à bois au centre et deux boutons à fleurs placés de chaque côté de ce dernier; généralement, ils sont constitués de la sorte dès leur base. On les taille à deux ou trois boutons triples ou doubles.

Les rameaux à fruits proprement dits ressemblent

beaucoup aux rameaux mixtes ; cependant ils sont moins gros et ils possèdent à leur base cinq ou six boutons à bois, tous les autres sont à fleurs. On les taille au-dessus de deux ou trois boutons à fleurs, pour le fruit. C'est sur ces rameaux que se pratique l'*éborgnage;* or, comme il faut deux boutons de remplacement à la base, ce sont donc les boutons qui existent entre les boutons de remplacement et les boutons à fleurs qu'il faut éborgner.

Les rameaux bouquets sont longs de 0^{m}02 à 0^{m}04 ; on les trouve généralement sur l'empâtement d'un courson ou du vieux bois. Ils ne sont bons que pour le fruit.

Les rameaux chiffons sont grêles et recouverts de boutons à fleurs simples ; ils ne possèdent qu'un seul bouton à bois à leur extrémité. Le rameau chiffon est le plus mauvais de tous les rameaux du pêcher.

Le pêcher, en outre des rameaux dont je viens de donner la description, possède autant de bourgeons qu'il y a de rameaux. Ces bourgeons se reconnaissent facilement par leur longueur et leur grosseur, ou bien encore par le nombre de leurs feuilles.

Les bourgeons à bois ou gourmands sont toujours porteurs de feuilles simples, tandis que le contraire existe dans les bourgeons à fruits. Ces derniers possèdent, sur le même point, autant de feuilles en été que l'on retrouvera de boutons en hiver. Chacune des feuilles, à son aisselle, nourrit pendant l'été un œil qui devient bouton dès l'automne; donc, autant de feuilles, autant de boutons qui seront à bois ou à fleurs.

Sans parler ici des différentes opérations de la taille du pêcher, je tiens à donner un renseignement général. Le pêcher est traité de bien des manières; cependant, les résultats sont à peu près les mêmes. Ils varient pourtant d'après la vigueur des arbres et aussi d'après la position qu'ils occupent et, enfin, selon la nature du sol. A ce sujet, je citerai le pincement court du frère Henri, de Rennes.

Voici comment le frère Henri s'exprime dans son *Cours pratique d'arboriculture fruitière.*

Pincement court, d'après le frère Henri

« Après la taille en sec, au printemps, les yeux « répandus sur les rameaux du prolongement des « branches charpentières ne tardent pas à se déve- « lopper en bourgeons. Dès qu'ils ont allongé de « 0m03 à 0m05, on supprime ceux qui seraient « inutiles; or, au pincement court, la branche de « charpente doit porter trois branches à fruits par

« étendue de 0m15 ; une branche de chaque côté et « une troisième en avant.

« En conséquence, on supprime sur leur empâte- « ment tous les bourgeons superflus; en outre, si, « comme il arrive souvent sur le pêcher, il y en a « deux ou même trois sur le même empâtement, on « les réduit à un seul : la branche à fruits doit être « simple.

« Dans le courant d'avril, les bourgeons ayant « atteint environ 0m08, on recommencera à les « pincer, suivant leur force, sur trois, quatre ou « cinq feuilles bien constituées ; les plus vigou- « reux seront pincés sur trois feuilles et les plus « faibles sur cinq : les plus vigoureux seront pincés « les premiers, les plus faibles en dernier lieu. Cette « diversité d'époque, de vigueur, dans le pincement « des bourgeons, a pour résultat de bien équilibrer « la sève dans les branches à fruits, point difficile et « de la plus haute importance dans la culture du « pêcher. Naturellement, les bourgeons auxquels on « n'aura laissé que trois feuilles n'attireront plus à « eux une aussi grande quantité de sève ; par contre, « les bourgeons auxquels on aura conservé cinq « feuilles en absorberont davantage et augmente- « ront de vigueur.

« On ne tardera pas à voir partir de faux bourgeons

« sur les bourgeons pincés. Si un seul faux bourgeon « apparaît, rien de plus simple : il sera pincé une « feuille au-dessus de ses feuilles stipulaires. S'il « part plusieurs faux bourgeons, le faux bourgeon « supérieur ayant été pincé comme précédemment, « une feuille au-dessus de ses stipulaires, tous les « autres sont pincés sur leurs stipulaires elles-mêmes « dès qu'ils ont atteint un ou deux centimètres. Il « arrive rarement toutefois que, après ce pincement, « il ne parte pas d'autres bourgeons ; s'il n'en part « pas, les pincements se trouveront alors terminés. « Mais, le plus souvent, de nouveaux faux bourgeons « apparaissent à deux ou trois reprises ; chaque fois, « les pincements sont pratiqués comme précédem- « ment, c'est-à-dire que le bourgeon supérieur est « pincé une feuille au-dessus de ses stipulaires, les « bourgeons inférieurs sur leurs stipulaires mêmes.

« A la fin de juillet, on pourrait cesser les pince- « ments et tailler en vert, à la fin d'août, les bour- « geons survenus ; il sera mieux encore de continuer « les pincements jusqu'à la fin de la sève.

« Le résultat de nos pincements sera d'abord de « conserver, à la base du bourgeon, des feuilles qui « sont destinées à fournir l'œil de remplacement. Si « le premier pincement sur le bourgeon avait été fait « d'une façon plus sévère, par exemple, sur une ou

« deux feuilles, les yeux mêmes de la base se fussent « développés en faux bourgeons et il ne fût point resté « d'œil pour donner le bourgeon de remplacement.

« Un second résultat des pincements, c'est de « développer une foule de productions fruitières ; à « l'aisselle de chaque feuille stipulaire, il se cons- « tituera un bouton à fruits.

« Le bourgeon, ainsi traité par ces pincements « répétés, ne compte pas moins de seize feuilles et, « par conséquent, seize boutons à fruits.

« Enfin, on aura constitué un bourgeon et, par « suite, une branche ou rameaux à fruits, qu'il ne « sera pas nécessaire de palisser. Nous pourrions « ajouter que le bourgeon ainsi traité reste toujours « d'une faible constitution à sa base, ce qui est un « avantage dans la branche à fruits.

« A la taille en sec, c'est-à-dire vers la fin de « février, on supprime près le rameau de remplace- « ment les branches qui ont donné le fruit, ensuite « on taille les rameaux à fruits selon leur force, à « trois, quatre ou six boutons, dans le but de donner « un ou deux fruits, selon leur force, en ayant soin « que ceux-ci soient accompagnés de boutons à « bois. »

Telle est l'explication du frère Henri sur le pincement court.

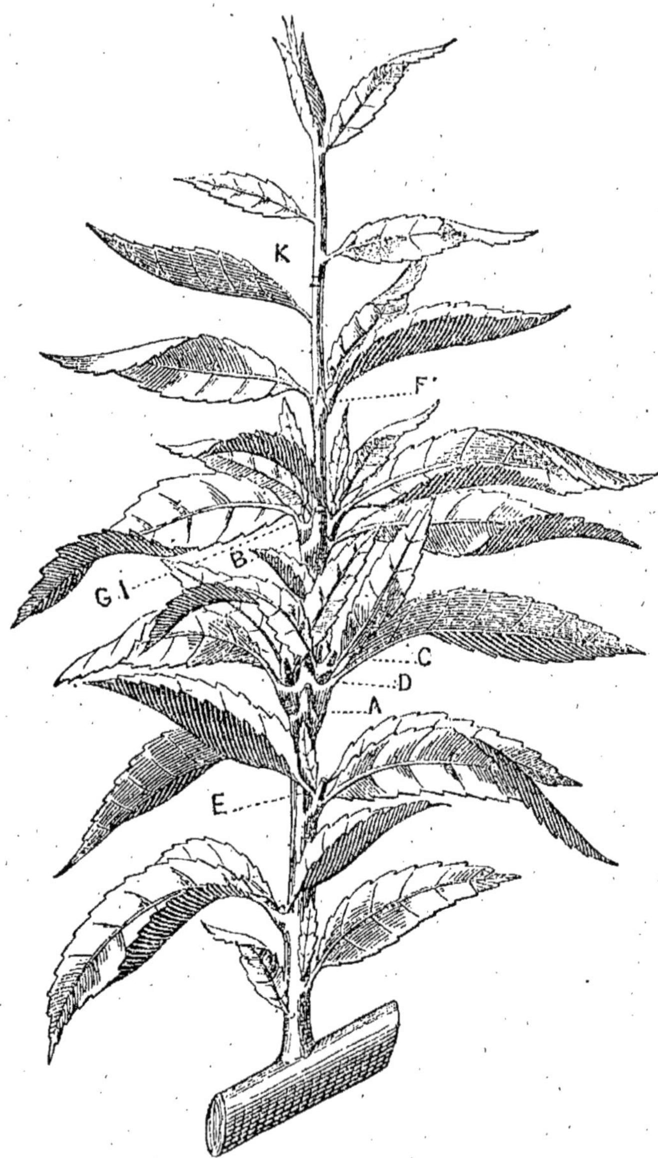

Figure 1. Résultat du pincement court du Frère Henri.

CHAPITRE IV

Du pincement du pêcher en général

J'insiste sur le pincement, car de toutes les opérations complémentaires de la taille, celle-ci est sans contredit celle dont les effets ont le plus d'importance. Elle consiste dans la suppression de l'extrémité des bourgeons dont la conservation est utile ; on retranche cette extrémité en la pinçant entre les ongles du pouce et de l'index. Le but de cette suppression est de ralentir le développement des bourgeons qui poussent vigoureusement et de favoriser la croissance des plus faibles, en refoulant à leur profit une certaine partie de la sève. Le pincement diffère essentiellement de l'ébourgeonnement, en ce qu'il n'est qu'un moyen de suspendre momentanément l'essor du bourgeon, tandis que l'ébourgeonnement en est la suppression totale. On pince donc tous les bourgeons dont on veut modifier la croissance, quelle que soit la place qu'ils occupent. Le pincement se fait au début de la végétation, principalement sur les parties supérieures où la sève se porte avec plus de fougue. Le deuxième pincement se fera huit à dix jours après le premier, et cette fois sur toutes les parties inférieures. Cette opération n'a pas d'époque fixe ; elle est commandée par l'état de végétation de chaque branche ; aussi se fait-elle successivement, et à plusieurs reprises, depuis la fin d'avril jusqu'à septembre, et il est toujours utile de surveiller la marche de la sève dans les pêchers qui végètent continuellement. Pour les formes dont les branches sont relevées dans une direction verticale, on pincera les bourgeons placés en avant à quatre feuilles (fig. 2), les bourgeons de

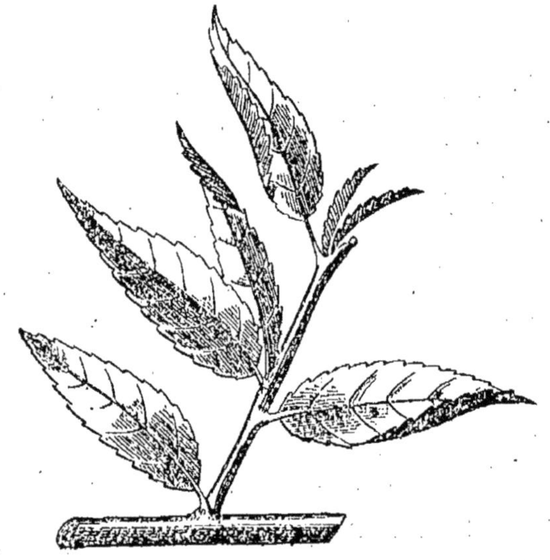

Figure 2. II.

côté seront pincés à six où huit feuilles selon leur vigueur (fig. 3).

Seul, le pincement provoque le développement des feuilles doubles et triples dès la base des bourgeons,

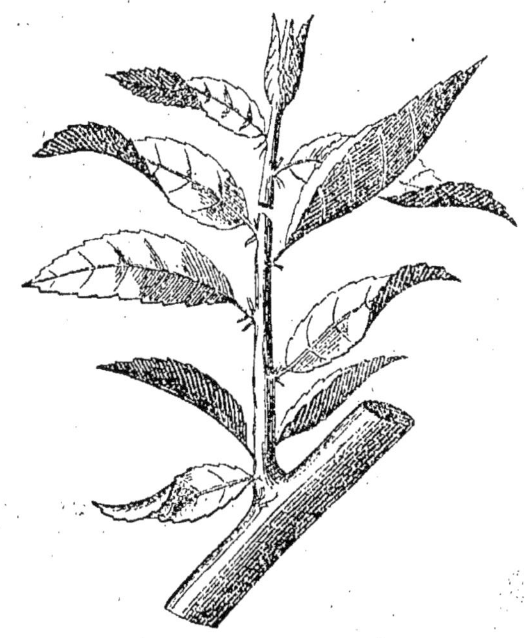

Figure 3. B.

(fig. 4) ; de là, la nécessité de faire le pincement, afin de maintenir les coursons le plus près possible des branches sous-mères. Cependant, il n'y a pas de règle sans exception, dit-on ; or il arrive parfois qu'on se trouve en présence de pêchers dont l'espèce et le sujet sont vigoureux ; le développement se fait alors à peu près régulièrement ; les bourgeons se constituant à la base dès le développement, il n'est pas nécessaire alors d'y faire le pincement dès le début de la végétation ; on peut attendre que les bourgeons aient atteint 0m30 à 0m35 environ ; à ce moment on les pince et on les palisse aussitôt le pincement effectué.

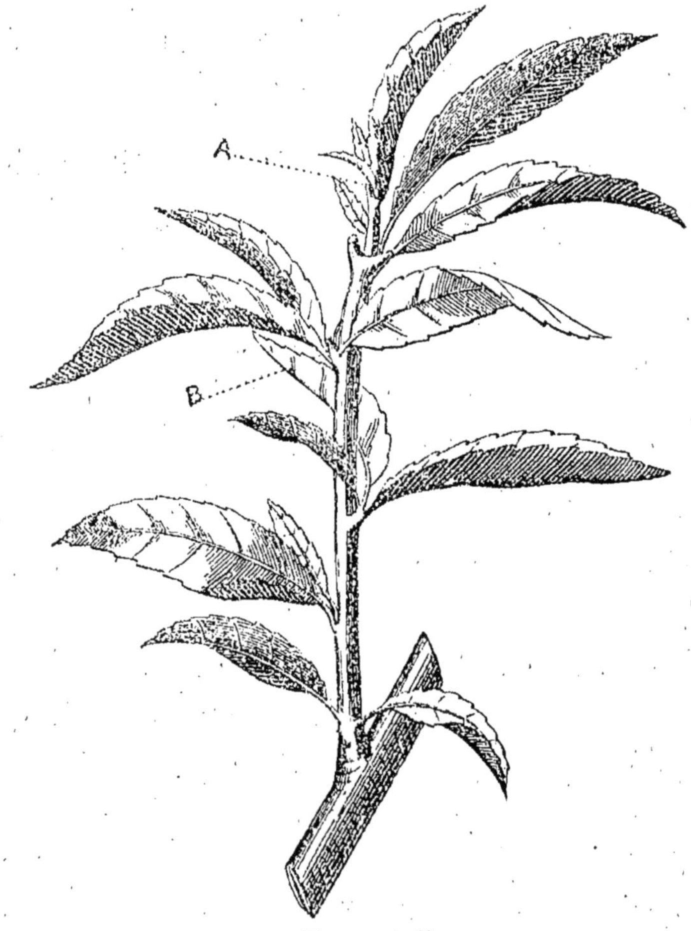

Figure 4. II.

Quant aux formes à branches horizontales, le premier pincement se fait sur les bourgeons placés sur le dessus de la branche à six feuilles, sur le devant à quatre feuilles; puis, huit à dix jours après, on fera le deuxième pincement sur les bourgeons du dessous des branches, et à huit feuilles. Pour ces formes, je considère le pincement fait sur le dessus et sur le devant des branches comme étant le pincement des bourgeons supérieurs, et le pincement fait sur les bourgeons placés au-dessous de la branche comme étant le deuxième pincement qui se fait alors huit ou dix jours après le premier. Quelle que soit la forme que l'on traitera, on aura toujours soin de faire le pincement et le palissage d'après la force du bourgeon et selon la végétation de l'arbre.

Après ces pincements, il se développe forcément des bourgeons anticipés sur les bourgeons conservés.

Les bourgeons qui poussent sur les bourgeons du prolongement des branches sous-mères doivent être pincés sur la sixième ou huitième feuille et palissés de suite; dans ce cas, le palissage est préférable à l'ébourgeonnement qui, en supprimant les bourgeons anticipés, détruirait les yeux qui se forment à leur base, tandis que le pincement, au contraire, en favorise la bonne organisation. Il faut avoir soin de palisser tous les bourgeons pincés aussitôt le pincement.

Des bourgeons nés sur les branches coursons. — Lorsqu'un courson possède à sa base plusieurs bourgeons qu'il est nécessaire de conserver pendant un certain temps, il faudra pincer le supérieur au profit de l'inférieur ; sur ce dernier le rapprochement devra s'opérer lors de la taille en sec.

(Pour toutes les autres opérations relatives au pêcher, se reporter à la deuxième partie, chapitre II, 2e division.)

CHAPITRE V

Opérations générales de la taille

Les opérations de la taille se divisent en deux parties bien distinctes, qui sont : les opérations de la taille d'hiver et les opérations de la taille d'été.

La taille d'hiver comprend douze opérations, savoir : le *dépalissage*, la *coupe des rameaux*, le *cassement*, l'*éborgnage*, le *recepage*, le *rapprochement*, les *incisions*, les *entailles*, l'*arcure*, le *palissage d'hiver*, le *rajeunissement* et le *ravalement*.

Le dépalissage. — Consiste à retirer, lors de la taille en sec, toutes les attaches faites sur l'arbre pendant la végétation, à moins toutefois que quelques-unes d'entre elles puissent rester un an de plus sans gêner le grossissement des branches.

La coupe des rameaux. — Se fait sur tous les prolongements de la charpente, selon l'allongement nécessaire.

Le cassement. — Se pratique sur le poirier à trois ou quatre boutons, selon qu'ils sont plus ou moins bien formés.

L'éborgnage. — Est utile dans le poirier pyramide sur les boutons placés au-dessus de ceux choisis pour obtenir une série de branches, lesquels boutons ainsi éborgnés laissent un onglet destiné à servir de tuteur naturel au prolongement de la tige. On le pratique également dans le pêcher, entre les boutons de remplacement et les boutons destinés à donner des fruits.

Le recepage. — Est la première opération que subit un arbre après la plantation, dans le but de provoquer la série que l'on veut obtenir.

Le rapprochement. — Consiste à faire la suppression d'une partie malade d'une branche sur un point meilleur, ou bien encore à supprimer l'extrémité d'un courson qui est trop long et qui peut être rapproché sur un bouton à fruits ou lambourde, voire même sur plusieurs dards.

Les incisions. — Sont au nombre de deux, l'incision *annulaire* et l'incision *longitudinale.*

L'incision annulaire s'emploie pour la vigne, et consiste à enlever, à un centimètre et demi environ au dessous du nœud qui porte le fruit, un anneau d'écorce de un centimètre de largeur (fig. 5).

L'avantage de l'incision annulaire est de faire grossir le raisin et aussi de hâter sa maturité d'au moins quelques semaines.

L'incision longitudinale se pratique sur certaines

jeunes branches dont les écorces trop serrées empêchent les couches ligneuses de grossir ; on coupe alors les écorces de bas en haut en passant entre chaque courson sans attaquer ceux-ci. Ce moyen réussit parfaitement ; seulement cette opération ne se

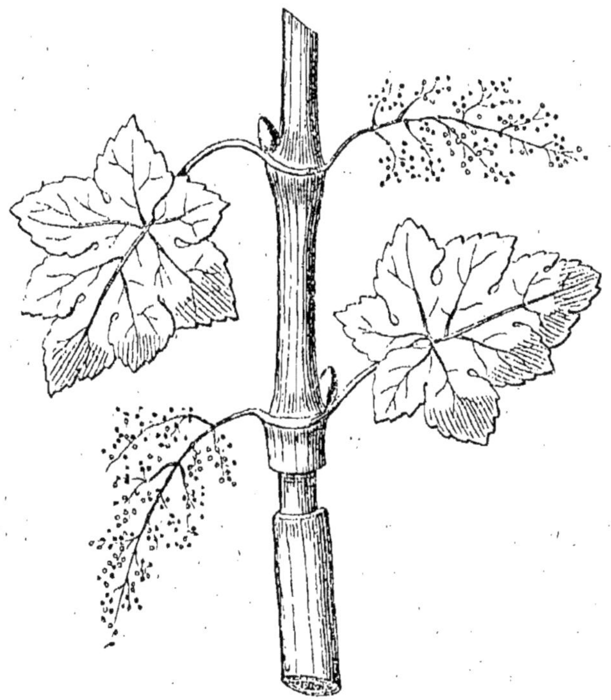

Figure 5. — Incision annulaire II.

pratique avec succès que dans le poirier et le pommier ; dans tous les arbres à noyaux on ne la pratique que très rarement, car, si en faisant cette incision, on attaquait l'aubier, il s'ensuivrait que très souvent cette partie ainsi attaquée se porterait à la gomme, et le dépérissement de l'arbre ne tarderait pas à se produire. De tous les arbres à noyaux, c'est encore le pêcher sur lequel on peut la pratiquer le mieux, tout en ayant soin de la faire du côté opposé au soleil.

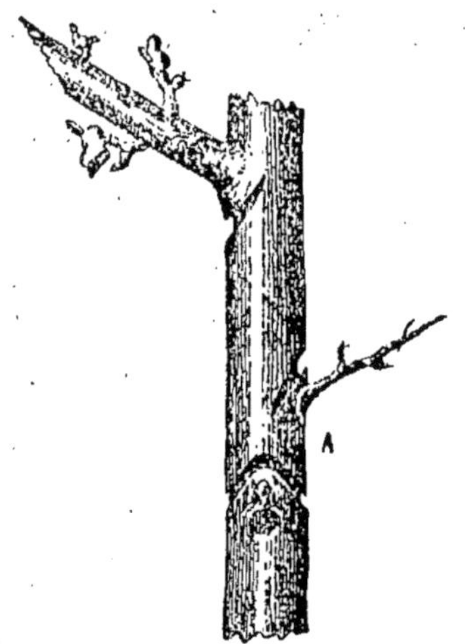

Fig. 6. — Les entailles. H.

Les entailles (fig. 6).—On pratique une entaille au-dessus de l'œil représenté à la base de ladite figure, pour en faciliter le développement et au-dessus d'un rameau faible en A (même figure), pour obtenir un plus fort grossissement ; puis elle se fait en sens inverse (même figure) mais dans l'empâtement même de la branche, afin d'en atténuer le grossissement. Les entailles pratiquées sur l'œil et le rameau devront pénétrer jusque dans l'aubier, afin d'arrêter la sève montante à son passage ; cet arrêt de sève donne lieu à un développement considérable.

L'arcure. — S'emploie pour former le T de vigne ainsi que les palmettes doubles Verrier. Elle s'emploie également pour faciliter la mise à fruit des branches sous-mères d'une pyramide, lorsque celles-ci sont trop vigoureuses. Dans ce dernier cas, on leur fait subir l'arcure de la manière suivante : on établit cinq pieux autour de la pyramide à 1^{m} du pied de l'arbre, ce qui donne un écart de 2^{m} de diamètre ; puis on fixe sur ces cinq pieux un cercle sur lequel on renverse les cinq branches de la première série, en attachant leur extrémité sur le cercle.

La deuxième série sera également fixée sur le cercle ; quant à la troisième, elle sera fixée sur la première série, la quatrième sur la deuxième, et ainsi de suite ; on abaissera l'extrémité des dernières séries sur les premières, en ayant toujours soin de les intercaler, d'après leur obtention.

Les prolongements des branches sous-mères ne seront pas taillés au moment de cette opération qui doit toujours se faire lors de la taille d'hiver.

Les branches, ainsi arquées, restent ordinairement deux ans dans cette position ; pendant ce temps, les tailles d'été et d'hiver se pratiqueront absolument comme sur les autres arbres, avec cette différence qu'il faudra toujours pincer très sévèrement les bourgeons ayant pris naissance sur les coursons du dessus de la branche.

Dans le pêcher, l'arcure s'emploie aussi pour abaisser les rameaux forts et taillés longs ; ces rameaux sont arqués à l'endroit même où se trouvent les deux boutons de la base destinés à produire le remplacement; c'est aussi un moyen d'atténuer la force de l'empâtement.

Le palissage d'hiver. — Consiste à remplacer toutes les attaches devenues mauvaises, et à en faire de nouvelles où il est nécessaire.

Le rajeunissement. — Est une opération très utile, car, quels que soient les soins que l'on donne aux arbres fruitiers soumis à la taille, il n'est pas rare de les voir dépérir au bout d'un certain nombre d'années. Cela est dû au sol plus ou moins amendé, ou bien encore au printemps plus ou moins favorable au développement des bourgeons. Or, il arrive souvent que l'arbre ainsi fatigué est épuisé dans ses prolongements; les racines elles-mêmes ne prennent plus la même extension.

De plus, les coursons, à force de rapprochements, ont eux-mêmes souffert; il en résulte que l'arbre s'appauvrit et ne donne que des ramifications qui n'ont même plus assez de force pour se constituer en boutons à fruits, propres à la fructification. Pour cette opération, il faut, pour une pyramide, se baser sur l'état d'appauvrissement de l'arbre et revenir au-dessus des parties malades; ordinairement on supprime la moitié de la hauteur totale de la tige entre deux séries; les branches latérales de la série de la base seront coupées à 0m60 de leur naissance. Partant de là, on coupera toutes les autres séries, de manière à former une ligne oblique et à garder à l'arbre sa forme conique; les coursons sont eux-mêmes rapprochés sur les stipulaires.

Au printemps qui suit cette opération, il se développe généralement beaucoup plus de bourgeons qu'il n'est nécessaire ; on choisit d'abord celui de la tige et ceux des prolongements dont on a besoin, et cela sur des parties bien saines, pour les palisser ensuite sur de petites baguettes, afin de continuer à nouveau la forme pyramidale de l'arbre.

Le ravalement. — Est une opération plus radicale que le rajeunissement qui se pratique sur des arbres de tout âge. Il arrive souvent que certains arbres en pyramide sont mal taillés dès leur jeune âge, ou parfois abandonnés à eux-mêmes; pour ces causes, la sève ne passe facilement que dans certaines parties, et les parties abandonnées par la sève ne possèdent alors que des écorces rugueuses, de gros empâtements du côté où la sève passe, et seulement de petites ramifications du côté où la sève ne circule plus ; l'arbre, alors, a plutôt l'aspect d'un buisson que celui d'une forme ; c'est dans ce cas que l'on pratique le ravalement, en retranchant au moins la moitié de la hauteur de l'arbre, afin de mieux l'équilibrer ; si ces arbres sont à hauteur de quatre séries, on en supprimera deux. Il faut avant tout concentrer la sève sur un point, et cela assez fortement pour obtenir un nouveau bourgeon qui puisse prendre la direction de la tige. Au printemps suivant, on devra faire les mêmes opérations que pour les arbres soumis au rajeunissement.

Pour les vieux arbres, j'ai innové en 1872 un système de ravalement qui, depuis, a été adopté par la plupart des arboriculteurs. Voici comment je le pratique : A la taille d'hiver, les arbres sont taillés sur leurs productions fruitières, telles qu'elles le sont ordinairement, en supprimant en plus tous les coursons qui ne portent pas de boutons à fruits ; puis, à l'aide d'une scie à main, je fais à la base du tronc et au-dessus d'une branche de la première série, deux entailles en forme de *V* renversé pour obtenir un ou plusieurs bourgeons ; la branche au-dessus de laquelle je pratique l'incision sera mise sur les stipulaires, pour donner de l'air à l'endroit où devront se développer les nouveaux bourgeons. Chacune des entailles doit pénétrer dans le corps ligneux aux deux tiers du diamètre de la tige. Au printemps suivant, plusieurs bourgeons vigoureux naîtront au-dessous des entailles ; un seul sera conservé et palissé contre un tuteur. Pendant la végétation, toutes les ramifications qui prendront du développement seront pincées sévèrement pour refouler la sève sur les fruits et sur le bourgeon destiné à donner la nouvelle tige.

L'année suivante, à la taille d'hiver, l'arbre qui avait été coupé aux deux tiers au moyen des entailles, sera supprimé complètement; la nouvelle tige sera taillée à 0^m45 de sa naissance, pour provoquer une première série. L'arbre présente alors l'aspect d'un arbre ayant subi le recepage un an après sa plantation; de plus, cette opération a l'avantage de laisser récolter du fruit pendant cette année de préparation.

En outre elle renouvelle non seulement la tige, mais aussi les racines; à mesure que la tige subit cette transformation, les mêmes changements se produisent graduellement sur les racines. Aussitôt que de nombreux et vigoureux bourgeons apparaissent sur la nouvelle tige, les feuilles qu'ils développent envoient vers les racines une grande quantité de filets ligneux et corticaux; ceux-ci rencontrant vers les racines les couches de l'aubier et du liber dans un état languissant, et surtout privées des fluides qui facilitent leur passage, dévient de leur direction naturelle, percent l'écorce sur le corps des racines et donnent lieu à de nouveaux organes nourriciers plus sains, plus vigoureux que les anciens, qui les remplacent entièrement dans leurs fonctions.

Les arbres sur lesquels j'ai, en 1872, opéré pour la

première fois ces ravalements, étaient âgés de 30 ans; en 1875, la Société d'horticulture délégua une commission chargée d'examiner les résultats de cet essai; ces arbres représentaient alors une plantation de 4 ans et ne laissaient aucune trace du vieux tronc; un rapport fut fait par M. Constant Lemoine, qui était alors professeur d'arboriculture.

En 1885, la Société d'horticulture nomma une nouvelle commission pour les visiter de nouveau; à cette époque, ils formaient de belles pyramides ayant de huit à neuf séries; un nouveau rapport fut fait par M. Pelletier, professeur d'arboriculture, et une médaille d'argent grand module me fut accordée pour le résultat de ce nouveau système de ravalement.

En 1892, ces mêmes arbres sont encore très vigoureux et très fructifères.

Opérations pendant l'été

Ces opérations sont au nombre de sept, qui sont :

L'*ébourgeonnement*, le *pincement*, la *taille en vert*, le *palissage*, la *suppression des fruits* trop nombreux, l'*effeuillement* et la *torsion*.

L'ébourgeonnement. — Consiste à supprimer tous les bourgeons inutiles.

Le pincement. — Se pratique sur tous les bourgeons forts qui doivent constituer les coursons, et cela comme je l'explique aux figures 2 et 3 pour le pêcher, et à la figure 40 pour le poirier.

La taille en vert. — Est une opération qui se pratique sur le pêcher dès que les fruits sont noués, ce qui a lieu fin avril et courant de mai, selon la végétation. Sur le poirier, elle se fait ordinairement en août et consiste à faire certains rapprochements des coursons trop longs et, par là même, refouler la sève sur les parties fruitières non encore formées; cette taille, bien faite, constitue la mise à fruit, non seulement de l'année même, mais hâte encore celle des années suivantes.

Le palissage. — Sert à fixer sur un treillage ou sur de petites baguettes tous les bourgeons dont on veut faire des prolongements, afin d'en faciliter la formation. Cette opération se fait pendant tout le cours de la végétation.

La suppression des fruits trop nombreux. — Se fait lorsqu'il y en a en trop grande quantité ou lorsque les fruits sont mal distancés ; de préférence, on doit supprimer tous les fruits qui se touchent, ou bien encore tous ceux qui se froissent contre le treillage ou qui, plus tard, auraient tendance à venir difformes.

La torsion. — S'emploie lorsqu'un arbre ne fournit que des bourgeons très vigoureaux et qu'un pincement serait insuffisant pour préparer la fructification; au lieu de pincer en *A* (fig. 44), on fait alors subir une torsion à ce bourgeon, en le repliant sur lui-même en forme de cercle, et les autres bourgeons sont pincés sur les traits (même figure); ce moyen réussit assez bien pour cette raison que la sève subit un refoulement plus modéré.

L'effeuillement. — Doit se pratiquer lorsque l'automne est pluvieux, soit sur les arbres fruitiers ou sur la vigne, mais principalement sur cette dernière; mais, quel que soit le besoin d'effeuiller, il faut agir avec prudence; on enlève d'abord les feuilles qui sont à l'intérieur et près du fruit, afin de faire pénétrer l'air plus facilement; il faut bien se garder d'enlever les feuilles qui ombragent le fruit de loin. Si, au lieu de prendre ces précautions, on effeuillait de manière à mettre le fruit complètement à découvert en une seule fois, le fruit durcirait, ne grossirait plus et prendrait un mauvais goût en mûrissant.

Indépendamment des opérations d'été, il en est une que je pratique chaque fois qu'une partie faible en A (fig. 6) se porte à bouton à fleur à son extrémité, et lorsque cette partie est destinée à faire une branche de charpente.

Autrefois, pour empêcher cette partie faible de porter fruit, on supprimait le bouton à fleur lors de la taille d'hiver ; c'est une erreur, moi je le laisse intact. A l'époque de la floraison (fig. 7), lorsque les fleurs sont bien épanouies, je supprime toutes ces fleurs, en ayant soin de conserver intacte la rosette de feuilles qui les environne. En agissant ainsi, j'arrive promptement à obtenir les prolongements que je désire, car, à côtés des fleurs supprimées, il se développe toujours un ou deux bourgeons.

Figure 7. II.

Toutes ces questions étant ainsi traitées, je vais passer à l'étude de la formation du jardin fruitier potager.

DEUXIÈME PARTIE

CHAPITRE I

Jardin fruitier potager

En Anjou, le jardin fruitier potager est très apprécié, et je crois qu'il ne sera pas inutile de consacrer quelques pages à décrire les conditions les meilleures pour l'établissement d'un tel jardin.

Choix du terrain. — Le terrain qui convient le mieux, est un sol argilo-calcaire ou silico-argileux, d'une consistance moyenne et offrant une profondeur de 1^m au moins, afin que les racines puissent y pénétrer convenablement.

Expositions. — Les meilleures sont au sud ou à l'est ; celle à l'ouest est moins favorable, à cause des vents violents qui soufflent de ce côté, et qui occasionneraient, lors de la floraison, le déchirement des fleurs et plus tard la chute des fruits avant la maturité.

L'exposition au nord est toujours mauvaise, car pendant l'hiver, les arbres délicats, tels que le pêcher

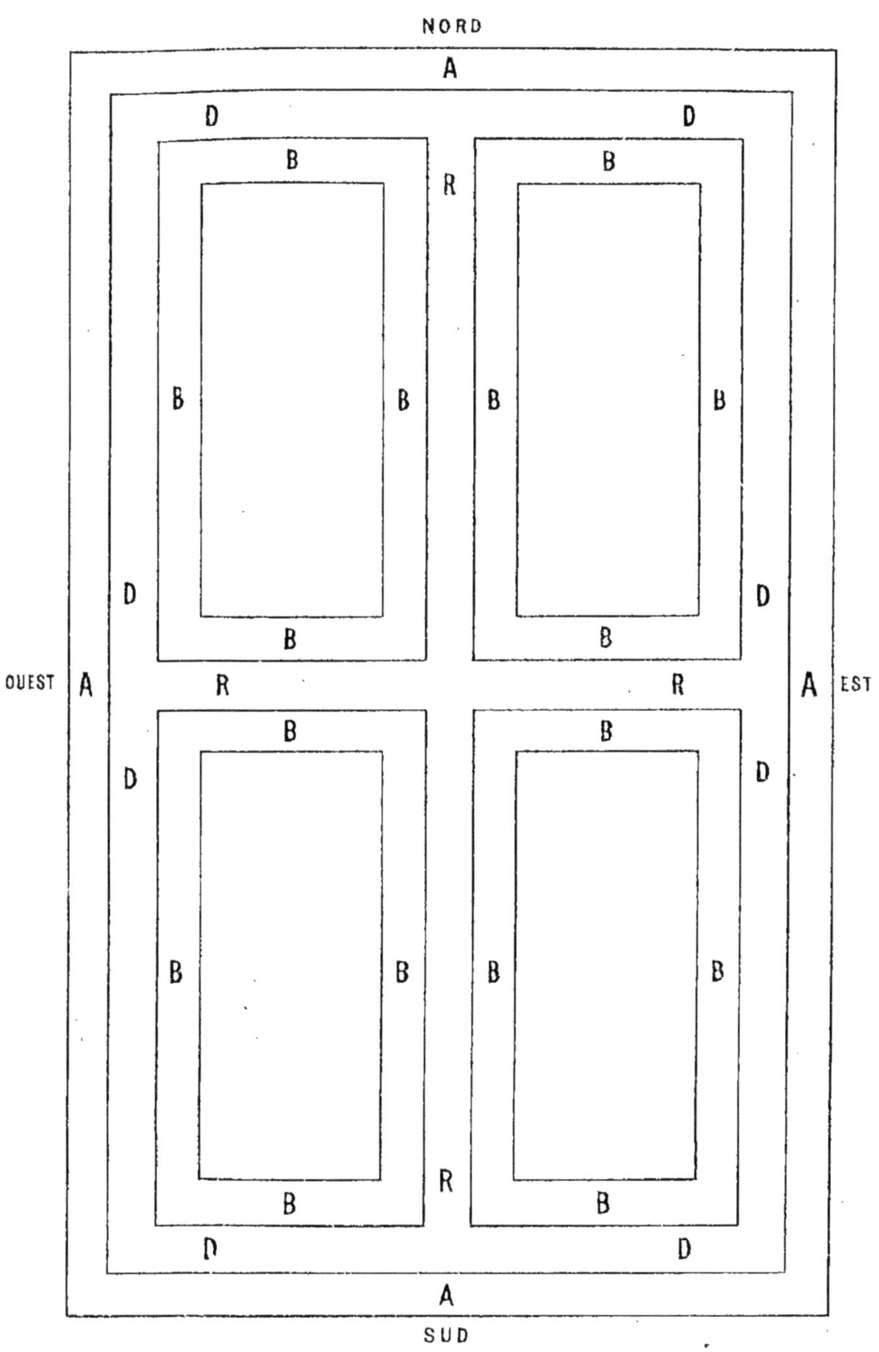

JARDIN FRUITIER POTAGER

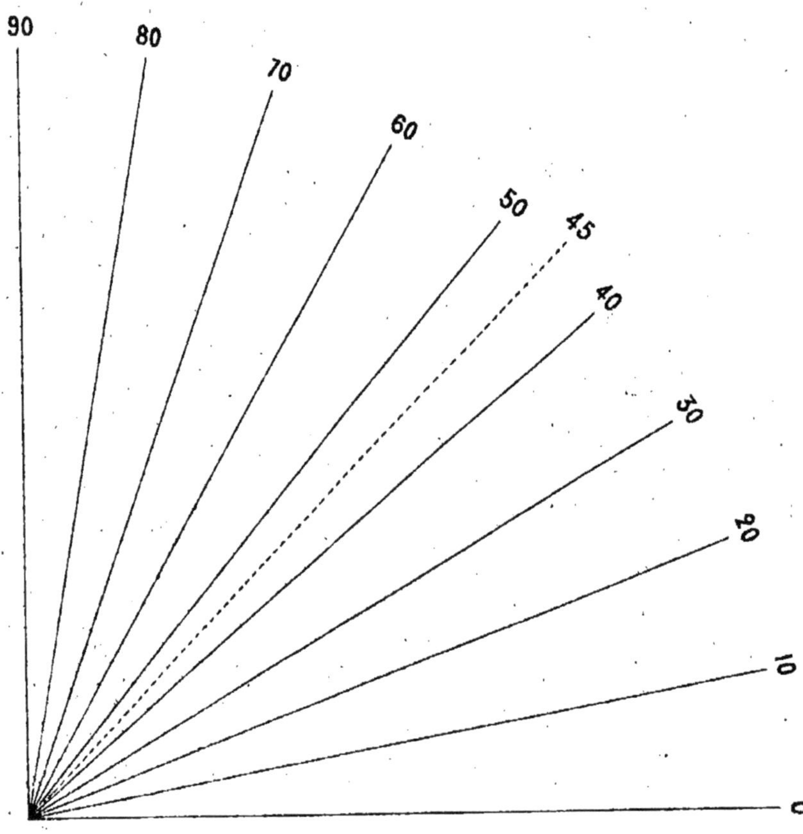

QUART DE CERCLE

et autres arbres à fruits à noyaux, souffrent beaucoup du froid et, dans un jardin situé au nord, ils seraient trop exposés aux vents froids.

Forme à donner au jardin fruitier potager (voir le tableau chapitre I). — La forme à donner est celle d'un parallélogramme ou d'un rectangle, c'est-à-dire la longueur l'emportant sur la largeur ; il faut établir cette forme de manière à avoir la partie la plus longue dirigée du nord au sud.

Position. — Le terrain choisi doit être légèrement incliné vers le sud ; la position influe beaucoup sur la végétation ; il faut donc éviter de prendre toute autre pente que celle indiquée ci-dessus ; de plus, il faut s'éloigner autant que possible de tous les cours d'eau ; ceux-ci sont sujets à donner des brouillards froids et humides qui le plus souvent font couler les fleurs. C'est à mi-côte ou dans les vallons secs qu'il est bon d'établir le jardin fruitier potager.

Construction des murs. — Lorsque l'emplacement est bien fixé, il faut songer à clore le jardin de murs ; cette clôture est indispensable à la réussite des fruits, et sans elle la fructification serait souvent nulle ou à peu près.

Les murs doivent être établis de la façon suivante :

1° Pour un jardin d'un hectare, les murs seront élevés de 3 à 4^{m}.

2° Pour un jardin d'un demi-hectare, les murs ne devront avoir que 2m à 2m50 de hauteur.

Il résulte de ces différences de hauteur que plus le terrain est grand, plus il faut élever les murs, afin d'abriter davantage les arbres fruitiers. Au contraire, plus le terrain sera petit, plus on devra faire les murs bas, car dans ce dernier cas, si les murs étaient trop élevés, l'air circulerait difficilement et il en résulterait qu'un jardin petit avec des murs élevés serait trop brûlant en été et trop froid en hiver.

Préparation du sol. — Aussitôt les murs construits, il faut s'occuper de la préparation du sol. Cette opération peut se diviser en cinq parties principales, qui sont : les *amendements*, la *fumure*, le *drainage*, l'*ameublissement* et le *défoncement*.

Les amendements. — Il est très rare que le sol sur lequel on opère possède toutes les qualités nécessaires à une bonne culture ; c'est pour cela qu'il faut avoir recours aux amendements qui varient selon la nature du sol.

Si le sol est compact et trop argileux, il est bon d'y ajouter des sables siliceux et surtout calcaires, des débris de démolitions et des platras, toutes matières très favorables, car elles réchauffent et divisent ces terrains ordinairement très froids.

Si, au contraire, le sol est sec et brûlant, il faut y

ajouter un mélange d'argile siliceux, c'est-à-dire une bonne terre végétale non compacte.

Ameublissement. — L'ameublissement consiste à rendre le terrain perméable à l'air et aux racines, et cela le plus profondément possible ; de là dépend tout le succès de la culture. Le degré de profondeur de l'ameublissement est déterminé par la nature du sol.

Assainissement. — Il est très urgent d'assainir les terrains compacts et argileux, ceux-ci retenant l'eau à une certaine profondeur. Les arbres dont les racines ont trop d'humidité languissent d'abord et finissent ensuite par pourrir. Il faut donc, avant tout, lorsque ces inconvénients se présentent, enlever l'excès d'eau au moyen du drainage.

Les drainages seront faits de préférence dans les allées et devront être au nombre de trois pour un demi-hectare et même en plus grand nombre si le terrain est très humide. Ces trois drains formeront trois grandes lignes, dirigées suivant deux directions principales, réunissant ce que l'on peut appeler le point de départ et le point d'arrivée : les murs faisant eux-mêmes drainage, le point de départ sera pris contre le mur du haut, et le point d'arrivée sera un fossé qui devra emmener l'eau au loin ; si on se trouve dans l'impossibilité d'établir un fossé, il faudra avoir recours à un étang assez éloigné pour que l'humidité ne remonte pas dans le sol du jardin.

Avec quoi fait-on les drainages? — Généralement on emploie des pierres de moyenne grosseur, c'est-à-dire un peu plus grosses que celles employées ordinairement pour le macadam des routes, et qu'on dispose sur une épaisseur et une largeur de 30 à 40 centimètres. Si on ne peut se procurer des pierres, on pourra les remplacer par des fagots de bois ou d'épines, disposés dans les mêmes conditions que les pierres. Chaque tranchée peut avoir à son point de départ $0^{m}60$ à $0^{m}80$ de profondeur et 1^{m} à $1^{m}20$ à l'arrivée. La profondeur pourra varier selon les dimensions du terrain ; en moyenne pour un petit terrain on mettra $0^{m}01$ de pente par mètre, tandis que pour un terrain plus long, il ne faudra mettre que 5 millimètres ; plus le terrain est long, moins il faut de pente, étant donné que la charge d'eau dans une grande longeur étant considérable, il est inutile d'avoir une aussi forte pente. Le principal dans un drainage, c'est que celui-ci fonctionne bien, afin que l'eau ne reste pas à la racine des arbres.

Fumure du sol. — Il est essentiel de fumer convenablement lors du défoncement ; si le sol est frais, il faut employer le fumier de cheval ou de mouton ; si, au contraire, le sol est sec et brûlant, on emploiera de préférence le fumier de bêtes à cornes, en y ajoutant des boues de ville, des vases d'étang ou de fossé qui auront été extraites depuis au moins une année et remuées plusieurs fois. Il sera bon d'y ajouter des engrais à décomposition lente, tels que la bourre, les crins, les chiffons de laine, les déchets de corne, etc., répandus avant le défoncement sur la surface de la terre, puis mélangés avec la masse du sol pendant le défoncement. Par ce moyen, les arbres trouveront toujours des sucs nouveaux pour entretenir leur végétation.

Défoncement. Lorsque les engrais et les différents amendements sont rendus sur le terrain, il faut procéder au défoncement. Il y a deux modes de défoncement : le défoncement *général* et le défoncement *par tranchées.*

Pour les terrains argilo-siliceux, frais et de bonne qualité, il suffira de défoncer à une profondeur de 0^{m}60 à 0^{m}70.

Le défoncement général consiste à ouvrir une tranchée de 0^{m}70 de largeur, de 0^{m}70 de profondeur et de 10 à 20^{m} de longueur, selon la grandeur du terrain. La terre sortant de cette première tranchée sera transportée du côté opposé et servira à combler la dernière tranchée qu'on fera ; une fois cette première tranchée ouverte, on en ouvrira une deuxième de mêmes dimensions et, avec la terre qu'on en retirera, on comblera la première, et on continuera ainsi jusqu'au bout du terrain.

Lorsqu'on voudra éviter les frais d'un défoncement général, on pratiquera le défoncement par tranchées. Pour cela, on devra, aussitôt les murs construits, tracer le jardin. (Voir le tableau à la 2e partie, chapitre I.)

Les allées auront une largeur de 3m, les plates-bandes de pourtour A une largeur de 2m50, et les plates-bandes B 2m de large. Alors on défoncera les plates-bandes A et B à la profondeur indiquée pour le défoncement général. Comme ce défoncement n'est pas aussi favorable que le premier, on pourra l'améliorer en prenant toute la bonne terre de la surface des allées et la jetant dans le fond des plates-bandes, et le sous-sol étant toujours plus mauvais que la surface, on rejettera la terre du fond dans les allées, pour remplacer celle qu'on y aura prise. Quant aux carrés C ils recevront un labour ordinaire.

Quel que soit le genre de défoncement, il sera urgent de le faire pendant la belle saison.

CHAPITRE II

Choix et plantation des arbres

Lorsque le terrain est préparé, il faut s'occuper avec soin du choix des arbres et les bien approprier au sol que l'on veut planter.

Age des arbres. — Tous les arbres destinés à être taillés et soumis à une forme quelconque, soit en palissade contre les murs, soit en pyramide ou en vase à l'intérieur du jardin, doivent être âgés d'un an de greffe, de deux ans au plus ; plus les arbres sont jeunes, plus l'arrachage est facile et par là même plus la reprise est assurée.

Plantation. — La meilleure époque pour la plantation des arbres va de fin octobre à fin novembre, et quelquefois jusqu'à la moitié de décembre, lorsque le temps reste doux ; généralement la fin de décembre et le mois de janvier ne valent rien pour les plantations, il faut attendre février ou mars pour continuer ce travail. Mais il vaut toujours mieux planter à l'automne, dès que la saison est fraîche et que la végétation est arrêtée, c'est-à-dire dès que les feuilles des arbres paraissent tomber d'elles-mêmes. Les arbres ainsi plantés prennent racine pendant l'hiver et, lorsque les sécheresses du printemps et de l'été arrivent, ils les supportent plus facilement. Toutefois, si on ne pouvait planter avant le printemps, il ne faudrait pas oublier de faire arracher dès l'automne les arbres nécessaires et de les mettre en jauge ; par ce moyen, la végétation se trouve retardée et, lorsque viendra le moment de les confier définitivement au sol, ils en éprouveront moins de fatigue.

Un certain nombre de personnes font faire des plantations par fosses ; ce procédé est fort regrettable, car la plupart de ces plantations ne valent rien. En effet, lorsque l'on fait une fosse de 1 ou même de 2 mètres carrés sur une profondeur de 0m60 à 1m, il arrive que pendant l'hiver les eaux de pluies s'amassent dans cette fosse et alors les racines des arbres, étant toujours dans l'humidité, pourrissent ou tout au moins fatiguent beaucoup ; puis les chaleurs de l'été viennent qui dessèchent et durcissent cette masse de terre, ce qui fait que les arbres restent stationnaires et souvent même périssent complètement.

Soins à donner aux arbres avant la plantation. — Malgré toutes les précautions possibles, il est rare qu'un pépiniériste livre des arbres dont les racines soient intactes ; il faut alors pratiquer ce qu'on appelle l'*habillage* des arbres, opération qui consiste à enlever toutes les racines mutilées en ayant soin de faire la coupe en dessus pour que la section s'appuie sur le sol; les plaies se cicatrisent bien mieux et facilitent l'émission d'un nouveau chevelu. C'est à tort que certains planteurs craignent de tronquer les racines mutilées, car si les plaies produites par l'arrachage n'étaient pas supprimées, elles pourraient devenir chancreuses.

Tous les arbres sortant des pépinières ne sont pas non plus de force égale en rameaux, surtout lorsqu'ils ont été pincés.

Comme arboriculteur, je préfère les scions non pincés, parce que le tronc a plus de corps, et lorsqu'un an après la plantation je pratique le recepage, je choisis les yeux que je veux, et il n'en est pas de même des jeunes arbres qui ont été pincés, pincement qui se fait sur les jeunes scions à 0^{m}30 environ, dès que les pépiniéristes les jugent assez forts pour subir cette opération.

Si, lorsqu'on reçoit les arbres, on s'aperçoit que les racines sont quelque peu desséchées, il faut les mettre aussitôt dans l'eau et les laisser baigner pendant quelques heures ; il serait également bon de tremper les racines dans un compost liquide au moment de la plantation ; ces précautions sont excellentes parce qu'elles enlèvent la fatigue des arbres, mais il faut bien se garder ensuite de laisser les racines se dessécher à nouveau.

Lors de la mise en terre, il faut avoir des terreaux bien consommés et les mélanger avec le sol. Comme quantité pour chaque arbre, je mets régulièrement un tiers de terreau et deux tiers de terre; mieux vaudrait augmenter cette dose que la diminuer. J'emploie ce mélange pour couvrir seulement les racines et, par là, favoriser la reprise de l'arbre, le sol ayant reçu la quantité de fumier nécessaire lors du défoncement.

Avant de commencer l'étude de la plantation, il est utile d'indiquer les essences d'arbres qui conviennent au sol où l'on veut planter.

En arboriculture, nous trouvons deux natures d'arbres bien distinctes l'une de l'autre ; l'une comprend tous les arbres à *racine traçante,* l'autre tous ceux à *racine pivotante.*

Les arbres à racine traçante sont ceux multipliés à l'aide de boutures sur lesquelles on ne greffe que des espèces demandant à être plantées dans un terrain frais et de bonne qualité, sauf quelques-unes, tel que le pommier Doucin qui peut se planter tout aussi bien dans un terrain sec que dans un terrain frais, cela dépendant absolument des formes que l'on tient à lui donner.

Voici à peu près les sujets multipliés par bouturage, et qui sont destinés à faire des porte-greffes pour les terrains frais; ce sont : le cognassier, les pruniers Myrobolan, Damas et Saint-Julien de Toulouse, les pommiers Paradis et Doucin ; ces deux derniers se font plutôt par buttage que par bouturage, mais s'emploient le plus souvent pour les terrains frais.

Les arbres à racine pivotante, sont ceux qui se multiplient à l'aide de graines, soit pépins ou noyaux; on les appelle *arbres francs* à cause de leur mode de reproduction.

Ils sont destinés à faire des porte-greffes pour les terrains sableux, secs et brûlants, mais ayant de la profondeur; ce sont les poiriers, pommiers, cerisiers, pêchers, amandiers, pruniers, et tous ceux qui peuvent se reproduire par graines.

Afin de mettre plus de régularité dans l'étude des plantations, je vais en former quatre divisions.

Première division

Exposition au Sud

Vignes à raisin de table (fruit en baie)

Toutes les belles et bonnes variétés de vignes à raisin de table ne pouvant pas mûrir en plein air, il est nécessaire de leur donner la meilleure place dans le jardin fruitier ou fruitier potager, afin d'avoir une maturation convenable pour les différentes variétés dont la description se trouve chapitre VI, 2e partie.

La vigne s'accommode bien d'un sol de consistance moyenne et, en général, de tous les sols, pour peu qu'ils soient perméables ; de ce côté, il n'y a rien à craindre pour notre jardin, si l'on a pris toutes les précautions dont j'ai parlé lors du défoncement.

Autrefois, on plantait, et on le fait même encore actuellement, des vignes contre tous les murs et entre toutes sortes d'arbres fruitiers. Cette disposition est vicieuse, et il est bien plus avantageux d'avoir toutes les vignes réunies contre un mur. Les meilleures formes à donner aux vignes contre un mur sont les formes en Thomery (fig. 11) ou en cordons verticaux, soit simples, soit doubles.

Cette figure représente un mur de 3m de hauteur ; chaque pied de vigne forme deux bras ayant chacun 1m50 de longueur. Comme tous les murs destinés à recevoir les plantations n'ont pas toujours 3m de haut, on prendra une mesure proportionnelle, c'est-à-dire qu'on plantera contre le mur autant de pieds de vigne dans 3m que la hauteur du mur permettra de faire de cordons.

Un exemple : Je suppose que l'on veuille faire deux

cordons, les vignes seront plantées à 1m50 l'une de l'autre; pour trois cordons, elles le seront à 1m; pour cinq cordons à 0m60, ainsi que l'indique la figure 11. Cette figure indique également une distance de 0m70 entre chaque cordon, laquelle est destinée au palissage des bourgeons. Quelques personnes ne laissent que 0m60, mais ce n'est pas assez pour permettre à l'air de circuler librement entre chaque cordon, car pour qu'une plante pousse vigoureusement, il faut que l'air arrive facilement sur ses différentes parties, sans quoi les coursons dont les bourgeons seraient privés d'air ne tarderaient pas à fatiguer et à périr.

Plantation de la vigne. — La meilleure époque pour planter la vigne va de février en mai, suivant la nature du sol et des plants employés, soit qu'on se serve de boutures d'un an ou seulement de boutures de quelques mois.

Dans un terrain bien meuble ou sableux, on peut planter dès le mois de février; dans un terrain frais et argileux, il faut attendre mars et avril. Pour l'un ou l'autre terrain, il ne sera possible de planter à cette saison que des boutures d'un an et ayant de bonnes racines. Les boutures de quelques mois qu'on peut également employer sont celles faites de février à mars, et qui peuvent se mettre en place dès que l'émission des jeunes racines se sera produite, ce qui a lieu en avril-mai; mais il sera toujours préférable que les jeunes boutures passent un an en pépinière avant d'être mises en place.

On plantera la vigne avec tous les sarments qui auront poussé quand elle était dans la pépinière, à moins toutefois que ceux-ci ne soient longs de 0^{m}80 à 1^{m}: dans ce cas on retranchera la moitié de cette longueur, soit 0^{m}40 à 0^{m}50. Si, au contraire, les sarments sont longs seulement de 0^{m}10 à 0^{m}40, on les laissera intacts.

Jusqu'à présent, dans notre région, nous n'avons employé pour la plantation de nos jardins que les vignes bouturées; mais bientôt il sera nécessaire d'avoir recours aux vignes greffées sur les plants américains, car le phylloxéra, qui a détruit nos vignobles, n'épargnera sans doute pas nos vignes des jardins.

Choix des sarments pour boutures. — Il faut choisir des sarments ayant fructifié, faire les boutures avec l'empâtement du vieux bois et leur donner une longueur de 0^{m}40, les mettre ensuite à stratifier dans du sable fin dans une position oblique et la tête en bas. Cette position facilite l'émission des racines. On aura soin de surveiller les boutures, et sitôt que le bourrelet sera bien formé, il sera temps de les mettre en pépinière, ce qui arrivera vers avril ou mai. Il ne faudra pas attendre pour ce travail que les racines soient trop sorties du bourrelet, car on risquerait, en les cassant, de perdre l'avance obtenue par la stratification.

Taille d'hiver. — La vigne doit être soumise à cinq opérations pendant la saison d'hiver, ce sont : le *recepage*, l'*arcure*, le *rapprochement* des *coursons*, le *palissage* et le *ravalement*.

Il ne faut pas confondre le recepage avec la première ou deuxième taille Le recepage ne compte pas comme taille; c'est en quelque sorte une préparation à la première taille. Cette opération se pratique un an après la plantation, et consiste à enlever aux jeunes plants, sur un ou deux boutons de leur base, une partie de leur ramification. Au printemps suivant, ce recepage donne naissance à plusieurs bourgeons et, comme il n'en faut qu'un seul pour pied-mère, on choisit celui qu'on veut garder à cet effet, et les autres ne sont pas supprimés, mais pincés à deux ou trois feuilles, et ceci dans le but de faire entretien de sève pour la jeune tige. Cette tige ne doit pas être pincée.

Remarque. — Pendant la végétation les jeunes pousses se nomment *bourgeons* et, sitôt l'arrêt de la végétation et pendant tout l'hiver, ils portent le nom de *sarments*.

Lors de la taille d'hiver, qui, pour la jeune vigne, ne se fait qu'en février et mars, on commence par supprimer tous les petits sarments restés après le pincement ; la jeune tige ou pied-mère est alors taillée ou arquée selon la méthode que l'on veut employer. Il y a donc deux méthodes pour la formation des cordons, qui sont : la *taille répétée* et l'*arcure*.

La *taille répétée* consiste à tailler la vigne à cinq ou six centimètres au-dessous du point où doivent se former les deux bras représentés par la figure 11.

Cette figure représente cinq cordons superposés ; les deux ou trois cordons du bas arriveront au point voulu dès l'année du recepage et seront taillés comme je viens de le dire.

Après cette première taille, il se développera au printemps suivant de nouveaux bourgeons ; tous ceux de côté seront pincés à six ou huit feuilles et palissés ensuite ; celui du centre ou terminal sera laissé intact et palissé à mesure qu'il poussera pendant l'été.

A la deuxième taille d'hiver, qui aura lieu la troisième année, tous les pieds seront rendus au point qu'ils devront occuper pour la formation des cordons ; à ce moment les vignes qui formeront les cordons du haut seront taillées à 0^m05 ou 0^m06 de ce point, tandis que les pieds formant le bas et qui étaient à leur but l'année précédente, seront taillés sur les deux boutons de la base du sarment terminal ; la même opération se fera graduellement pour les pieds du milieu et du haut à un an près.

Cette taille faite sur le bourgeon terminal et si près de sa base, provoque forcément les deux boutons de la base à se développer. C'est cette coupe qui se pratique presque au même point que l'année précédente, qui a fait donner à la taille le nom de *taille répétée ;* elle a l'avantage de faciliter la répartition de la sève dans les deux bras à dose égale. Elle porte encore les noms de Thomery et de forme en T.

Au printemps suivant, lorsque ces deux boutons auront donné naissance aux bourgeons destinés à former les deux bras, ceux-ci seront palissés et surveillés ensuite pendant tout l'été. L'année après, à l'époque de la taille des sarments, il faudra tailler chacun de ces bras à quatre ou six boutons, selon la vigueur de chacun et le nombre de coursons que l'on veut obtenir.

On appelle *coursons* les ramifications qui doivent s'établir sur les bras de la vigne, et qui sont destinées à donner le raisin. Ces coursons doivent avoir entre eux de 0m15 à 0m20 ; or, dans l'année de l'obtention des bras, on se trouve généralement en face de sarments très vigoureux ; en prenant six boutons de chaque côté, on pourra obtenir deux coursons sur chaque bras; si ces six bourgeons se développent pendant la végétation, on les laissera tous s'ils ont du fruit; sinon, on n'en laissera que trois, à moins toutefois qu'ils ne soient utiles à l'accroissement du pied de vigne; s'il y a lieu de faire la suppression, elle se fera dès l'ébourgeonnement. Comme les coursons doivent s'élever sur le dessus du bras à 0^m15 ou 0^m20 l'un de l'autre, et que généralement les boutons sont distants de 0^m08 à 0^m10, on supprimera les trois bourgeons du dessous du bras, sauf le bourgeon terminal qui doit toujours se prendre en dessous, tel qu'il est indiqué (fig. 10 A) pour l'obtention par l'arcure.

Par ce moyen le terminal, qu'on appelle aussi prolongement, venant du dessous, reviendra naturellement au-dessus; il suffira de le palisser.

Quatrième taille d'hiver. — A ce moment les trois bourgeons conservés pendant l'été seront devenus sarments; ils seront taillés à deux boutons de C en B (fig. 8) pour les chasselas et de B en A pour les muscats.

Quant aux prolongements, ils seront taillés à 0^m20 au-dessus de deux boutons dont le premier sera placé en dessus et destiné à donner un autre courson; le dernier en dessous continuera le prolongement. Comme

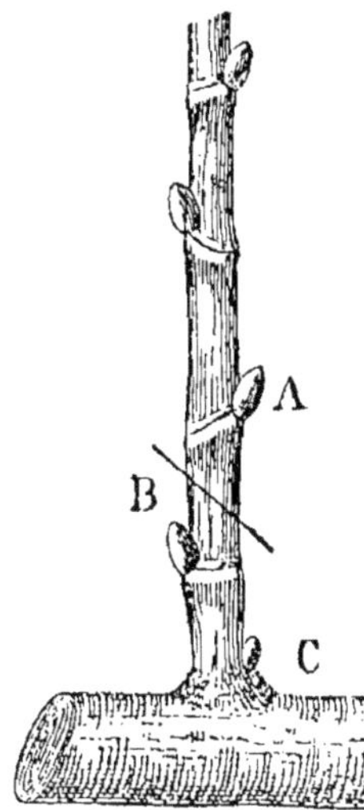

Figure 8.
Formation du courson ().

la vigne craint les intempéries, j'ai l'habitude de prendre un œil de plus qu'il n'est nécessaire, et de tailler au milieu de cet œil ; à cet endroit, il existe une partie dure et sans moelle ; ceci tient à la déviation du canal médullaire; cette partie dure est un sûr garant pour les bourgeons futurs. On compte deux sortes de boutons, le *bouton de la mousse* et le *bouton franc.* On appelle bouton de la mousse celui qui est enveloppé dans les écailles formées par l'empâtement, et le bouton franc celui qui est complètement au dehors des écailles. Il y a deux principales sortes de sarments, le *sarment fructifère* et le *sarment à bois* ou *gourmand ;* ce dernier prend naissance un peu partout, soit sur l'empâtement des forts coursons, soit sur une vieille partie quelconque, quelquefois même directement sur l'écorce. Quel que soit l'endroit où il sorte, il n'est presque jamais fructifère. Cependant il est quelquefois utile, soit pour remplacer un courson, soit pour le renouveler. Le sarment fructifère est celui qui a pris naissance sur les deux boutons choisis lors de la taille (fig. 8).

Chaque année, ces deux boutons donneront deux nouveaux bourgeons, qui seront sarments à la taille d'hiver suivante. Le sarment supérieur C (fig. 9), né de ces deux boutons, sera rejeté pour ne garder que l'inférieur qui sera taillé en A.

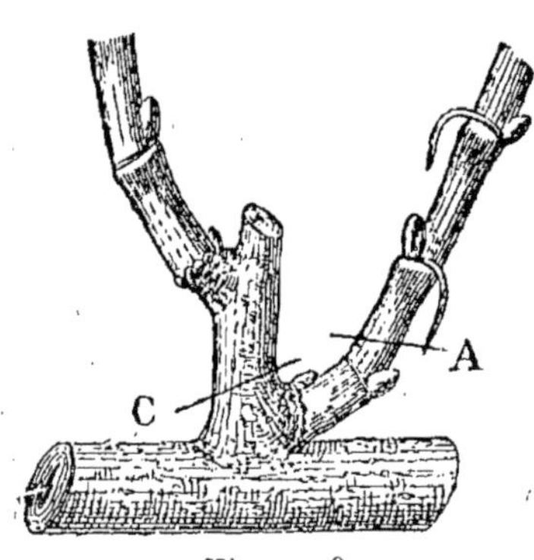

Figure 9.
Première taille du courson après sa formation O.

En rapprochant de la sorte les différentes tailles tous les ans, on entretient les coursons très bas et la fructification toujours au même point, à quelques boutons près. Chaque année également, on obtiendra, sur chacun des prolongements, un ou deux coursons, suivant la vigueur de chaque bras; en conséquence, on taillera à quatre ou cinq boutons, en ayant soin de toujours prendre le prolongement en dessous (fig. 10).

Opérations d'été. — La vigne subit six opérations pendant l'été, savoir : l'*ébourgeonnement*, le *pincement*, le *palissage*, le *cisellement*, le *rognage* et l'*effeuillement*.

Ébourgeonnement. — L'ébourgeonnement se fait au printemps, dès que les grappes sont apparentes; il consiste à supprimer tous les bourgeons nés ailleurs que sur les deux boutons choisis lors de la taille.

Le pincement. — Se fait sur les bourgeons qui se développent plus vigoureusement que les autres, afin de répartir la sève sur tous les boutons en général; si on se trouve obligé de pratiquer le pincement sur des bourgeons possédant des grappes, il faudra le faire à deux feuilles au-dessus des grappes.

Le palissage. — Tout en pinçant les bourgeons les plus forts au bénéfice des plus faibles, il en existe quand même de forts et de faibles. Les premiers seront palissés à leur place, tandis que les plus faibles devront être palissés sur un point éloigné des autres bourgeons; ce moyen leur permet de reprendre une meilleure constitution.

Le cisellement. — Lorsque les grains du raisin commencent à se toucher, si l'on tient à conserver les grappes pendant l'arrière-saison, on pratique le cisellement. Il ne faut pas attendre pour cela que les grains se serrent les uns contre les autres, car l'opération serait mauvaise. A l'aide de ciseaux spéciaux, dont les bouts sont arrondis, on supprime tous les grains du centre, ou tout au moins ceux qui paraissent vouloir se serrer trop.

Le rognage. — Se pratique lorsque la vigne est par trop longue et que le raisin est assez gros pour ne pas souffrir de cette opération. Il se fait généralement à la fin d'août, et autant que possible après une pluie ou tout au moins par un temps frais. Il arrive quelquefois aussi, quand la vigne est vigoureuse, qu'elle se développe beaucoup en bourgeons anticipés; alors, certaines personnes croient bien faire en supprimant complètement ces bourgeons ; c'est une erreur, il faut les pincer et non les supprimer. On les pince à deux feuilles.

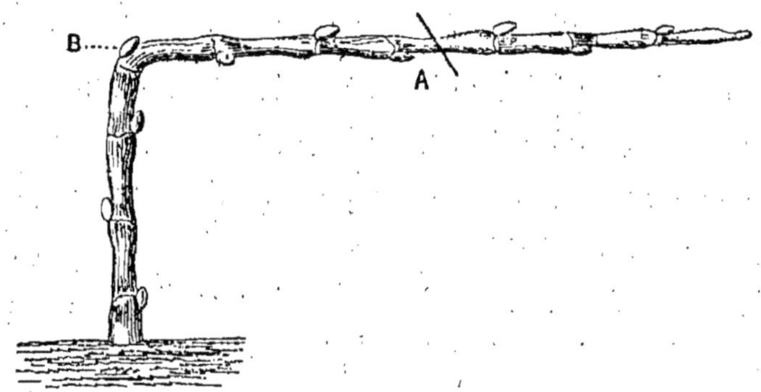

Figure 10. Formation du T par arcure (1re année) II

L'effeuillement. — Quand vient l'automne, il est utile de faire l'effeuillement, lorsqu'il y a profusion de feuilles ; mais il faut le faire avec prudence, en commençant par enlever les feuilles intérieures, celles qui touchent directement le raisin ; les feuilles qui abritent le raisin de plus loin ne doivent être supprimées que plus tard ; autrement, si on enlevait toutes

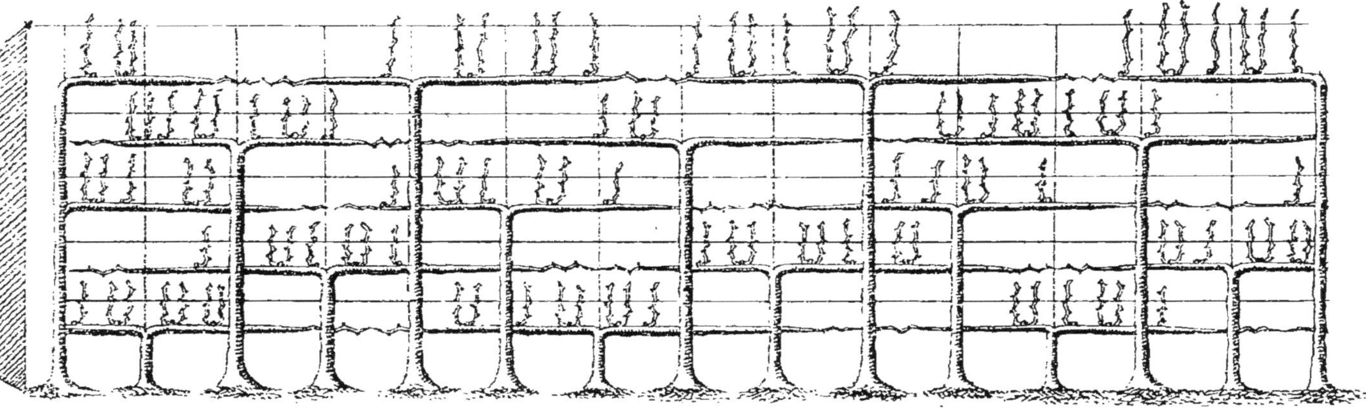

Figure 11 _ Forme en Thomery.

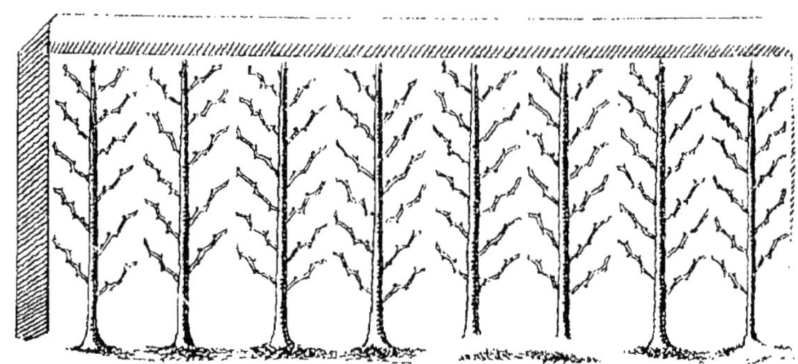

Figure 12 _ Cordon vertical simple.

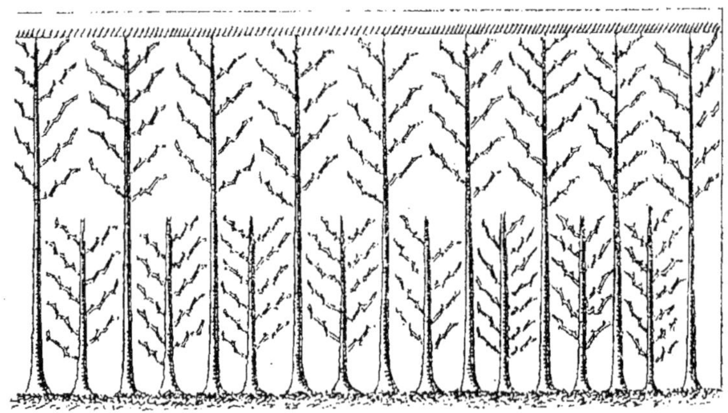

Figure 13 _ Cordon vertical double.

les feuilles d'un seul coup, le raisin durcirait au lieu de mûrir.

L'arcure. — Cette opération s'emploie avec avantage pour former les Thomery en T. On récolte un an plus tôt, mais l'équilibre s'établit difficilement, les deux bras ne s'élevant que l'un après l'autre et de la manière suivante : lorsque le sarment terminal, ou prolongement de la tige, est arrivé au point où doivent s'établir les cordons, au lieu de le tailler on fait l'arcure en l'inclinant à droite ou à gauche, de manière que, au point de courbure, il se trouve un œil en dessus, B (fig. 10); cet œil est destiné à former le deuxième bras l'année suivante ; quant à l'arcure du premier bras, il faut lui donner une longueur de quatre boutons (fig. 11).

Quand viendront les opérations d'été, l'œil laissé au point où l'on a commencé à arquer le premier bras se sera développé en fort bourgeon, que l'on palissera dans une position oblique, afin qu'il ne soit pas brisé par les vents. Ce bras, bien qu'obtenu un an plus tard, devient presque toujours le plus fort, à cause du passage séveux qui est plus direct ; il faudra veiller ce côté très attentivement, tout au moins les premières années. Quant aux soins à donner aux bourgeons ou aux sarments pendant l'élévation de cette forme, ils sont absolument les mêmes que pour la taille répétée.

Forme verticale. — La forme verticale simple (fig. 12) s'emploie lorsque les murs ont 1m50 de haut.

La forme verticale double (fig. 13) appelée aussi *superposée*, s'emploie lorsque les murs atteignent 2m à 2m50.

Les coursons établis de chaque côté sont distants de 0m20; pour un cordon simple on plante les vignes à 1m l'une de l'autre ; pour les cordons superposés, on les plante à 0m50. La plantation et le recepage sont les mêmes que pour la forme Thomery.

A la première taille, on donne aux cordons simples et aux cordons du bas de la forme verticale double un allongement de 0m50 pour obtenir, à 0m30 du sol, un courson de chaque côté, et de plus le prolongement de la tige. Chaque année on pourra obtenir le même nombre de coursons ; il n'est guère possible d'en obtenir davantage sans s'exposer à laisser trop monter la sève, ce qui dénuderait la base assez vite. Les pieds faisant les cordons du haut seront traités de la même manière, en ayant soin de les monter au point de formation des coursons aussi vite que le permettra leur végétation : cette forme verticale donne de beaux et bons fruits par la facilité avec laquelle elle permet de faire l'effeuillement, qui peut se pratiquer juste en face les grappes, en laissant les feuilles intactes à chaque extrémité des bourgeons.

Mérithalle ou entre-nœud. — On appelle *mérithalle*, l'intervalle qui existe entre deux nœuds. Cet intervalle varie beaucoup ; plus la vigne est vigoureuse, plus le mérithalle est long. Dans la vigne d'une vigueur ordinaire, plus les nœuds sont rapprochés, plus les sarments sont fructifères.

Il existe beaucoup de variétés de vignes, dont les sarments ne sont pas fructifères dès leur base ; aussi est-il nécessaire de faire différentes tailles pour ces différentes variétés. Tous les chasselas seront taillés à deux boutons, ainsi que je l'ai enseigné pour la formation des coursons, tandis que pour tous les muscats et toutes les variétés à gros grains, il faudra faire la taille *mixte* ou *Daguet* : cette taille s'opère en conservant le sarment supérieur à quatre boutons francs, et l'inférieur à deux boutons, ce dernier pour servir de remplacement, et le supérieur pour donner le raisin ; puis, si, lors de l'ébourgeonnement, quelques-uns des bourgeons supérieurs n'avaient pas de raisin, on les supprimerait. On emploie également la taille demi-longue, qui consiste à supprimer un courson, et à tailler le sarment supérieur du courson qui sera laissé ; à six ou huit boutons selon les mérithalles, et l'inférieur toujours à deux boutons pour le remplacement. Chaque fois qu'il se trouve sur ces tailles mixtes ou demi-longues des bourgeons n'ayant pas de raisins, ils sont supprimés dès l'ébourgeonnement; si, au contraire, ils en ont, on ne rejette cette partie qui a fructifié que lors de la taille d'hiver. Ce mode de taille est très bon, mais il ne faut pas toujours faire porter cette taille sur le même courson ou sur le même bras.

Deuxième division

Exposition à l'Est

Du pêcher (fruit à noyau)

Le pêcher est l'un des arbres les plus estimés parmi les arbres fruitiers, non seulement pour la beauté de ses fruits, mais aussi pour leur chair fine, parfumée et savoureuse. On croit qu'il est originaire d'Éthiopie, d'où il passa en Perse; de là, il fut introduit en Europe sous le règne de l'empereur Claude. Ce sont, paraît-il, les Romains qui ont introduit chez nous ce fruit délicieux.

Son importance n'égale pas celle du poirier ou du pommier, car les difficultés de sa culture empêchent qu'il ne prenne, dans nos régions un peu froides pour lui, un très grand développement; cependant il pousse convenablement dans notre région de l'Ouest. Du reste, il n'est pas aussi difficile à conduire qu'il en a la réputation, mais il réclame une surveillance active et intelligente.

L'exposition à l'Est lui est favorable et devra être préférée à toutes les autres. Les pêchers peuvent être soumis à deux séries de formes différentes : les grandes formes et les petites. Nul doute qu'on ne doive préférer ces dernières, car elles ont des avantages réels, entre autres celui de donner du fruit beaucoup plus tôt. Cependant, il ne faut pas proscrire complètement les grandes formes, car il est des cas où on est obligé d'y avoir recours.

Les formes que l'on rencontre le plus souvent sont les suivantes : Palmettes Verrier simple et double, forme en trident et en U simple et double ordinaire.

Plantation. — La meilleure époque pour la plantation du pêcher, est le mois de novembre ; il faut la faire dès que les jeunes greffes destinées à la plantation commencent à perdre leurs feuilles ; de plus, lors de l'arrachage, on devra éviter soigneusement de les laisser exposées à l'air et à la gelée.

Distance à observer. — Dès la plantation, on doit être fixé sur le mode de forme que l'on veut donner au pêcher. En se basant sur l'écartement de $0^{m}60$ que les branches doivent avoir entre elles pour le palissage des bourgeons, on plantera la palmette simple Verrier à $5^{m}40$, la palmette double Verrier à $4^{m}80$, la forme

6

en Trident à 1m80, en U simple à 1m20, en U double ordinaire à 2m40.

La figure 14 représente cette forme avec quatre séries, plus la branche-mère, les branches-mères et sous-mères ayant pour chacune d'elles 0m60 d'intervalle, nécessaire à leur palissage.

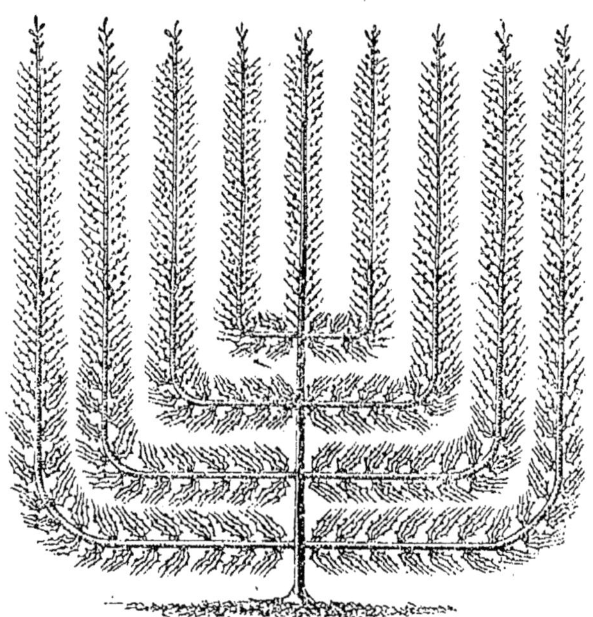

Figure 14. Palmette simple Verrier

Recepage. — Le pêcher se recepe l'année de sa plantation, vers février ou mars, lorsqu'il entre en végétation. On opère à 0m40 au moins au-dessus du sol, afin d'avoir des branches à 0m35 ou 0m40. Mais le pêcher n'ayant pas toujours des yeux convenables à cette hauteur, on est quelquefois obligé de faire cette opération plus près de la base, soit à 0m15 ou 0m20 au-dessus de la greffe. C'est là que se trouvent les yeux les mieux constitués. Au printemps suivant, si la reprise a été bonne, on trouvera cinq ou six bourgeons agglomérés presque au même point.

Comme il faut un bourgeon principal pour former la branche-mère, on devra choisir l'un des bourgeons les plus vigoureux et autant que possible en avant, et le palisser verticalement pour lui faire prendre le plus de force possible. Quant aux autres bourgeons, il faudra se contenter de les pincer à trois ou quatre feuilles plutôt que les supprimer, et ceci pour aider l'accroissement en longueur et en diamètre de la branche-mère.

Première taille. — En février ou mars, un an après le recepage, on pratique la première taille à 0m45 où 0m50, sur deux yeux placés de chaque côté et destinés à donner les deux premières branches sous-mères, plus un troisième au centre et sur le devant, destiné à former le prolongement de la branche-mère; il ne faut pas oublier que les deux premières branches sous-mères de cette forme doivent occuper une ligne horizontale jusqu'à l'endroit B, puis ensuite être relevées obliquement en A (fig. 15), et qu'il faut réserver pour palisser les bourgeons, entre la terre et les branches sous-mères, un espace de 0m45 à 0m50.

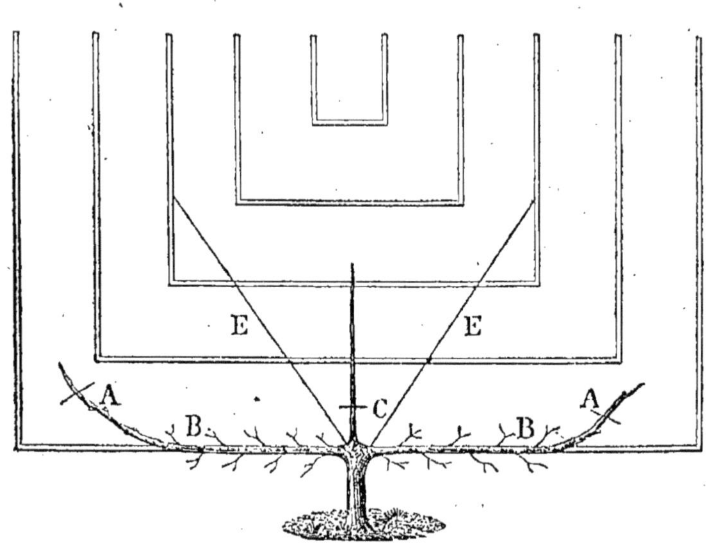

Figure 15. Palmette Verrier (1re année) O.

Opérations d'été. — Au printemps qui suit la première taille, il faudra suivre attentivement le développement des trois bourgeons qui auront pris naissance sur les trois yeux choisis pendant l'hiver ; les deux bourgeons destinés à faire les branches sous-mères seront palissés sur de petites baguettes auxquelles on donnera la forme et la direction que l'on désire faire prendre aux jeunes branches ; quant au bourgeon qui doit faire la branche-mère, il faudra le pincer une ou deux fois pendant la végétation, suivant sa vigueur, ce qui modère l'ascension de la sève sur cette partie verticale, de manière qu'elle se trouve refoulée sur les deux branches sous-mères, qui n'en possèdent jamais assez, tandis que la partie verticale en a souvent trop.

Deuxième taille d'hiver, troisième année. — En février ou mars, on taillera les deux rameaux (branches sous-mères) aux deux tiers de leur longueur, et on les conservera à peu près dans la même position, à moins toutefois qu'ils ne soient trop vigoureux, chose rare ; dans ce cas, on pourrait leur faire suivre davantage leur position horizontale, en ayant soin de relever toujours l'extrémité sous un angle de 70 degrés environ. Quant à la tige, il ne faudra pas lui donner plus de 0m25 ou 0m30 d'allongement, car avant tout il faut former les deux branches sous-mères.

Deuxième taille d'été, troisième année. — Au printemps suivant, les jeunes branches sous-mères donneront de nouveaux bourgeons qui seront soumis au pincement.

Du pincement. — Le pincement se fait sur le pêcher pendant toute la végétation, depuis mai jusqu'en septembre. Au début de la végétation, on ne trouve de pincement à faire que sur les bourgeons nés de boutons placés en avant ou à l'extrémité des prolongements ; il n'est pas rare de voir ces bourgeons avec un développement de huit à dix feuilles, non compris les folioles, tandis que les autres ne font que commencer leur développement : on pincera les bourgeons placés en avant sur quatre feuilles (fig. 16);

Figure 16. Pincement à quatre feuilles II.

ceux des extrémités ou ceux qui se développent avec une égale force seront pincés à six ou huit feuilles (fig. 17), suivant leur force et leur position. Ce premier pincement et ce premier palissage ont pour but de refouler la sève sur toutes les parties non développées à ce moment. Si tous les bourgeons se développaient régulièrement, on les palisserait dès qu'ils auraient atteint 0m30.

Quelques semaines après le premier pincement, il faudra visiter de nouveau les pêchers et pincer ceux des bourgeons qui ne l'auront pas encore été, à moins qu'il ne s'en trouve qui soient déjà bien constitués;

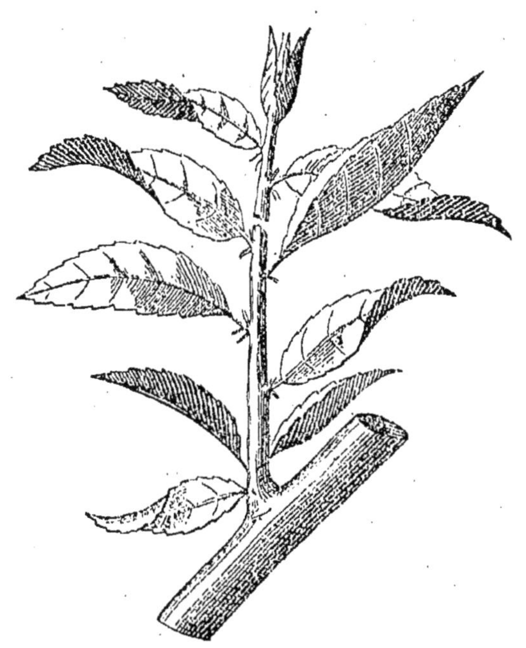

Figure 17. Pincement à six ou huit feuilles H.

dans ce cas on les palisserait, ainsi que tous ceux qui ont subi le premier pincement. Il est nécessaire que tous les bourgeons soient pincés. Par ce moyen, la sève, refoulée vers la base, y fait naître des feuilles doubles et triples (fig. 18), et tous les bourgeons ainsi constitués seront fructifères.

La position verticale de la tige demande beaucoup d'attention ; si la tige se développe très vigoureusement dès le printemps, il faudra y faire des pincements, mais très modérés, afin de ne pas brusquer les mouvements de la sève vers cette partie.

Troisième taille d'hiver, quatrième année. — A cet âge, les premières branches sous-mères seront, à leur extrémité, relevées verticalement dans la posi-

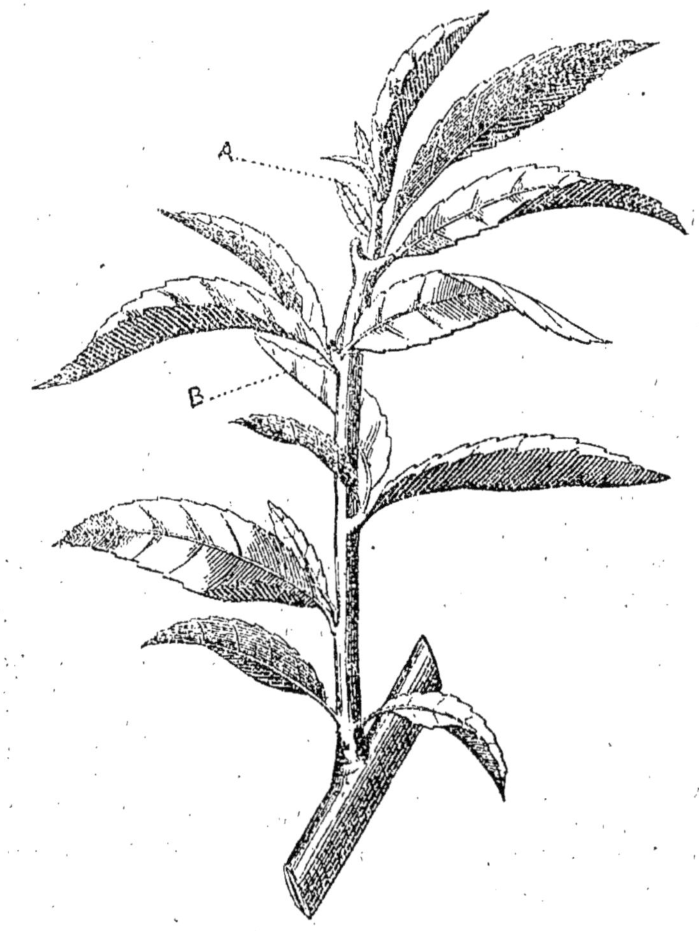

Figure 18. Résultat du pincement H.

tion qu'elles devront occuper, la tige sera taillée à 0^m70 au-dessus des branches sous-mères, sur trois boutons, pour obtenir la deuxième série à 0m60 de la première. Désormais, le pêcher pourra subir toutes les opérations de la taille qui sont au nombre de sept : le *dépalissage*, la *taille des rameaux*, l'*éborgnage*, les *incisions*, le *rapprochement*, l'*arcure* et le *palissage*.

Le dépalissage. — Avant de commencer la taille, il faut défaire toutes les attaches faites pendant les opérations de la taille d'été; il ne faut pas essayer de tailler sans cela.

La taille des rameaux. — Consiste à tailler tous les prolongements, à l'équilibre desquels on veillera, soit en les palissant très serrés ou éloignés des treillages.

L'éborgnage. — Se pratique sur tous les yeux se trouvant entre les deux boutons de la base destinés au remplacement et ceux qui doivent donner le fruit.

L'incision. — Ne se pratique pas souvent sur le pêcher en espalier. Cependant, lorsqu'il faut la faire, on choisit pour cela le côté opposé au soleil. On pratiquera pour le pêcher l'incision longitudinale, qui consiste à couper l'écorce de bas en haut, en évitant de toucher au courson. Cette opération a pour but de faciliter le grossissement d'une branche dont les différentes parties de l'écorce sont trop serrées ; mais il faut agir avec prudence dans le pêcher et faire bien attention de ne pas attaquer l'aubier, car la gomme s'emparerait de la branche et la ferait périr.

L'arcure. — S'emploie dans bien des circonstances et presque pour tous les arbres cultivés dans le jardin fruitier. Pour le pêcher, elle s'emploie pour la formation de la palmette double Verrier et pour les rameaux à fruits.

Le palissage. — Il est inutile de palisser les rameaux taillés court et ceux qui se tiennent naturellement à leur place. Les rameaux de prolongement seront palissés très serrés contre le treillage s'ils sont forts ; si, au contraire, ils sont de faible constitution, il faudra les palisser de façon à les éloigner du treillage. De même lorsque les branches sous-mères seront dans une position horizontale, les rameaux qui seront sur le dessus de cette branche seront palissés serrés contre le treillage, tandis que les rameaux du dessous de la branche seront éloignés afin qu'ils reçoivent l'air plus facilement. Les branches verticales sont pourvues de rameaux plus réguliers comme force ; on les palisse des deux côtés de la branche sous un angle de 15 degrés ; s'ils sont très gros, on les palisse presque horizontalement.

Le rapprochement. — Se pratique, lorsqu'une branche vient à périr par son extrémité ; on reprend alors un courson au-dessous de la partie morte pour en former un autre prolongement : si le courson est trop long, on en supprime l'extrémité.

Du rameau. — Il y a sept rameaux dans le pêcher dont quatre à fruits et trois à bois.

Les quatre rameaux à fruits sont : le rameau *mixte*, le rameau *à fruits proprement dit*, le rameau *bouquet* et le rameau *chiffon;* les trois à bois sont : le rameau *gourmand*, le rameau *à bois proprement dit* et le rameau *anticipé*.

Le rameau mixte. — Est le meilleur de tous les rameaux à fruits ; on l'appelle *mixte* parce qu'il possède à la fois un bouton à bois au centre et un bouton à fleur de chaque côté (fig. 19). Ces rameaux seront taillés à deux ou trois yeux triples ou doubles; à cette longueur, ils donneront suffisamment de fruits et produiront de bons bourgeons de remplacement.

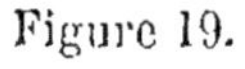

Figure 19.
Rameau mixte II.

Le rameau à frui's proprement dit. — Ce rameau ressemble beaucoup au rameau mixte, mais il est moins gros ; de plus, il possède à sa base cinq ou six boutons à bois, tous les autres sont à fleurs. On le taille au-dessus de deux ou trois boutons à fleurs pour le fruit. C'est sur ce rameau que se pratique l'éborgnage. Or, comme il faut à la base deux boutons de remplacement, ce sont donc les boutons qui existent entre les boutons de remplacement et les boutons à fleurs qu'il faut éborgner.

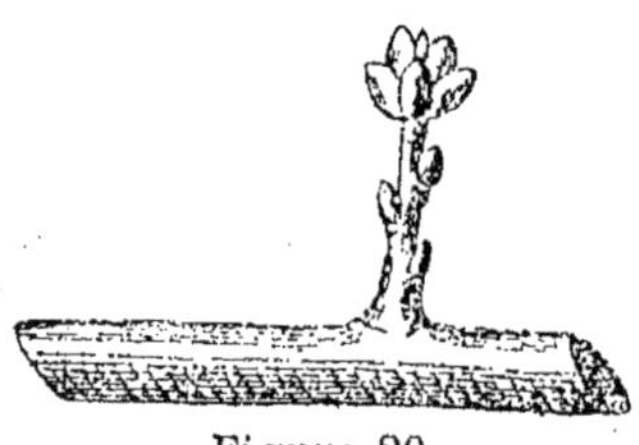
Figure 20.
Rameau bouquet H.

Le rameau bouquet (fig. 20). — Ce rameau est long de deux à quatre centimètres; on le trouve généralement sur l'empâtement d'un courson ou du vieux bois, et souvent à la base des rameaux de prolongement, lorsque ceux-ci ont été taillés trop long. Il est formé d'une véritable rosette de boutons, dont un seul, ordinairement l'œil central, est à bois; il donne presque toujours de beaux fruits, mais il ne vaut rien comme remplacement, à moins qu'il ne se trouve placé sur le devant de la branche ou des coursons; dans cette position seulement, la taille et le pincement peuvent provoquer son développement. Quoi qu'il en soit, il ne faut jamais compter sur lui pour le remplacement.

Le rameau chiffon (fig. 21). — Le rameau chiffon est un rameau grêle dont les yeux sont simples et tous à fleurs, sauf l'œil terminal qui est à bois. On le

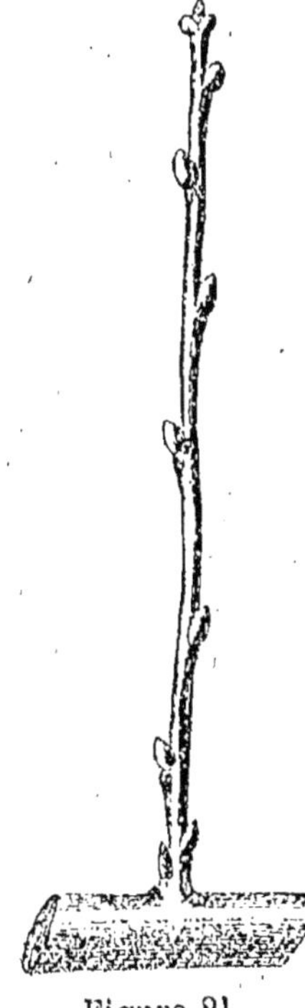
Figure 21.
Rameau chiffon H.

rencontre généralement sur des arbres pincés trop tard ou sur des arbres mal soignés ; dans ce cas, il arrive que les bourgeons les plus vigoureux ont absorbé l'air au détriment du rameau chiffon qui, lui, n'a fait que s'étioler ; pour cette cause, il n'est bon que pour le fruit. Cependant, si, en le supprimant, il faisait un trop grand vide, on pourrait, en lui enlevant son fruit, le faire vivre quelques années en ayant soin de le palisser à l'air ; on pourrait aussi, par le pincement, refouler la sève sur les boutons de la base qui se développeraient dans l'année. Avec ces précautions, on arrive quelquefois à un résultat passable.

Le rameau gourmand. — Ce rameau se trouve sur tous les pêchers mal soignés et mal équilibrés. Il est pourvu d'un très fort empâtement ; lors de la taille, il faut ne lui laisser que ses deux boutons de remplacement.

Le rameau à bois proprement dit. — Ce rameau ne diffère du rameau gourmand que par son empâtement, qui est moins gros, et son allongement plus grêle ; cela tient souvent à son développement tardif et à la position qu'il occupe, ce qui le force à se développer promptement ; ce sont ces causes particulières qui l'empêchent de se porter à fruit ; on le taille à deux boutons.

Le rameau anticipé (fig. 22). — Est celui qui se développe pendant l'été sur les bourgeons mêmes de l'année, dont le développement a été provoqué ou par un pincement ou par la vigueur même du sujet. Il est également taillé à deux boutons.

Figure 22.
Rameau anticipé O.

Opérations d'été. — Au printemps qui suivra la troisième taille d'hiver, on pratiquera toutes les opérations de la taille d'été qui sont au nombre de cinq, savoir : l'*ébourgeonnement*, la *taille en vert*, le *pincement*, la *suppression des fruits trop nombreux* et le *palissage*.

L'ébourgeonnement. — Quand les bourgeons ont atteint une longueur de cinq à six feuilles, il est temps de faire l'ébourgeonnement. Je suppose avoir taillé un rameau à cinq boutons (fig. 23), ce qui est très souvent une moyenne entre le rameau mixte et le rameau à fruits proprement dit, dans l'espoir de ne garder plus tard que le fruit nécessaire ; or, il se trouve que les deux bourgeons D et C ne sont pas accompagnés de fruits ; on les supprime complètement dès leur base ; c'est ce qui s'appelle *ébourgeonner*. Ceux, au contraire, tels que B et E, qui sont accompagnés de fruits, sont pincés sur deux ou trois feuilles ; ces feuilles sont destinées à donner de l'ombre aux fruits et à leur servir d'appel de sève. Un seul A est conservé intact ; celui-là est destiné à fournir le rem-

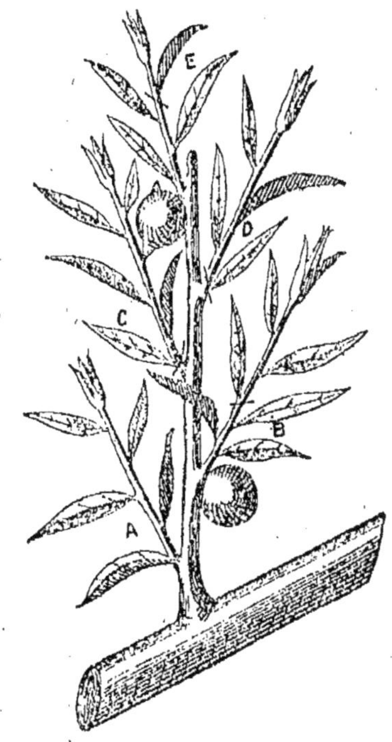

Figure 23. Résultat de l'ébourgeonnement II.

placement ; il sera pincé sur six feuilles lorsqu'il en aura lui-même huit ou neuf.

De la taille en vert. — Cette taille consiste à supprimer complètement tous les bourgeons ; seul le bourgeon de la base A (fig. 23) doit rester pour faire le remplacement ; plus tard, il sera pincé à six feuilles comme celui de la figure 17. Cette taille s'opère de la sorte sur tous les coursons dont les rameaux avaient été allongés pour avoir du fruit, et qui, pour une cause quelconque, n'en ont pas eu. De même, s'il arrivait parfois que les bourgeons destinés à recevoir le rapprochement, pour devenir ensuite bourgeons de remplacement, n'étaient pas assez forts, il serait préférable de garder provisoirement deux bourgeons de remplacement pour faciliter le grossissement du courson, quitte à supprimer le deuxième un peu plus tard.

Le pincement. — Se pratique comme je l'ai indiqué lors de la troisième année (fig. 16 et 17).

La suppression des fruits. — Lors de la taille, on a soin de laisser deux, quatre ou six boutons à fleurs, et ceci dans le but de ne laisser que un, deux ou trois fruits, selon la force du courson. On peut compter, sur une branche fruitière, douze fruits par mètre.

Le palissage. — Le palissage d'été, qui est très important, doit se faire, comme le pincement, depuis le début de la végétation jusqu'à la fin. Il ne faut pas oublier que toutes les branches mères et sous-mères ne doivent jamais laisser voir leur écorce ; ce serait autant de brûlures qui pourraient survenir ; il faut, pendant la saison, avoir soin d'y palisser des bourgeons qui puissent ombrager l'écorce. On pourra même entourer le pied d'une torche de foin pour atténuer l'effet des grandes chaleurs.

Figure 24. Palmette double Verrier

Palmette double Verrier. — Cette forme diffère de la palmette simple en ce qu'elle possède deux branches mères (fig. 24); elle se forme par l'arcure.

Lorsque l'on veut obtenir cette forme, avec quatre branches de chaque côté, il faut lui donner 4m80 d'espace à remplir.

Le recepage. — Le recepage est plus facile pour cette forme que pour bien d'autres. La courbe qu'on est obligé de faire subir aux bourgeons, pour qu'ils se rendent au point où chaque première branche sous-mère doit se former, permet de faire ce recepage plus bas et par conséquent sur de bons boutons. On choisira d'abord un bouton de chaque côté, plus un troisième placé en avant. Ce dernier n'est pas utile pour la formation de la palmette double Verrier; cependant il est bon de le conserver et de le pincer au printemps sur trois ou quatre feuilles, pour empêcher le dessèchement des deux bourgeons destinés à former les branches mères. Ces bourgeons seront palissés pendant le cours de la végétation sur deux baguettes qui prendront une courbe semblable à la forme en U (fig. 26).

L'arcure. — Pour cette forme, lors de la taille d'hiver, il ne faudra pas tailler les prolongements; on les gardera dans toute leur longueur et on les arquera chacun de leur côté dans une direction opposée, en relevant le prolongement, à son extrémité, sous un angle de 70 degrés.

Cette arcure se fait absolument comme pour la vigne (fig. 11), sauf que le prolongement ainsi arqué n'est jamais taillé l'année de l'arcure, afin d'augmenter sa force. Quant aux yeux situés à la naissance de chaque arcure, ils sont destinés à faire le prolongement de chaque branche mère.

Opérations d'été. — Lors du pincement, les bourgeons destinés à former les branches mères devront être pincés, dès leur premier développement, à sept ou huit feuilles, afin de maintenir et de refouler la sève sur les premières branches sous-mères, pour que celles-ci prennent toujours de l'avance. Si les prolongements ont une bonne végétation, il faudra prendre soin de les détacher de leur position d'hiver, qui est oblique, pour les diriger horizontalement aussi loin que leur longueur le permettra, tout en maintenant l'extrémité dans une position oblique, pouvant varier entre 45 et 70 degrés. Quant aux autres bourgeons, ils seront pincés et palissés d'après leur force et leur position, tel que je l'ai indiqué dans l'opération des palissages.

Deuxième taille d'hiver. — Les rameaux branches mères seront taillés à 0m25 ou 0m30 de leur naissance, pour ne pas obtenir une autre série dans cette année-là.

Si toutefois les branches sous-mères ont une bonne longueur de rameaux, on en supprime le tiers ou le quart, selon leur force et leur égalité de vigueur, comme pour la palmette simple Verrier.

Au printemps qui suivra cette deuxième taille, il y aura une plus grande surveillance à exercer et aussi davantage de pincements à faire. On suivra les explications déjà données pour la saison d'été.

Troisième taille d'hiver. — Au moment de cette taille, les branches sous-mères sont ordinairement assez fortes pour occuper leur place définitive ; elles seront abaissées d'abord horizontalement et relevées ensuite vers leur extrémité dans la position verticale, qu'elles devront suivre à l'avenir. Quant aux branches mères, elles seront arquées sur un œil bien placé et à 0m60 d'intervalle de la première série, car il ne faut pas oublier que chaque série du pêcher doit être à cette distance, quelle qu'en soit la forme ; la taille des rameaux à fruits se fait toujours comme je l'ai indiqué plus haut.

Pendant l'été qui suivra cette troisième taille, on fera les pincements et les palissages suivant la force des bourgeons. A partir de ce moment, le pêcher pourra fournir sa série chaque année, pourvu qu'on le maintienne dans toutes ses branches, soit par le pincement, soit par la taille.

Comme toutes les opérations annuelles se ressemblent, il est inutile d'entrer dans de plus amples explications.

Je dois pourtant indiquer ici un autre mode d'obtention des séries dans la palmette double Verrier :

On taille à 0m10 au-dessus du point où l'on veut obtenir la branche sous-mère ; l'œil choisi pour une branche sous-mère est à 0m60 au-dessus de la précédente ; puis à 0m10 au-dessus de cet œil, on en choisit un deuxième destiné à continuer la branche mère. Ce sont là deux modes bien distincts, mais l'arcure est plus rapide. Il est également préférable de faire cette opération pendant l'été, le bourgeon se prêtant mieux à l'opération que lorsqu'il est devenu rameau. Il faudra pour cette forme, comme pour toutes celles qui possèdent beaucoup de branches, veiller à constituer d'abord toutes les branches sous-mères en les élevant toujours au-dessus du point que doivent occuper les branches mères. Celles-ci, tout en donnant naissance aux autres, ne doivent prendre qu'une force proportionnelle ; autrement leur position verticale leur fournirait plus de sève qu'il ne leur serait nécessaire. Si, au contraire, les opérations que j'indique sont bien suivies, les branches mères et sous-mères arriveront au sommet du mur en même temps et avec un équilibre parfait.

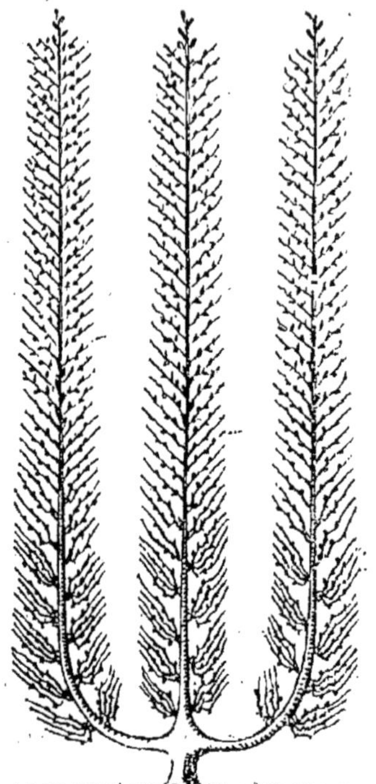

Figure 25. Forme en Trident.

Forme dite Trident (fig. 25). — La forme en Trident est certainement l'une des plus employées pour le pêcher ; elle peut s'élever contre des murs de deux à trois mètres; dans deux années sa forme est obtenue; elle ne se rend pas au sommet du mur dans ce laps de temps, mais elle est équilibrée.

Le recepage. — Peut également se faire à 0m20 ou 0m30 de la greffe, au-dessus de trois boutons, situés un de chaque côté et le troisième en avant. La position verticale occupée par les trois branches permet de se servir de bourgeons plus rapprochés de terre ; il suffit pour cette forme d'avoir en été un bon développement de trois bourgeons, quelle que soit la hauteur où ils auront pris naissance, pour peu qu'ils soient vigoureux. Les deux bourgeons destinés à produire les deux branches de côté seront palissés sur des baguettes, auxquelles on aura fait décrire une courbe, en continuant ce palissage jusqu'à la fin de la végétation. Le bourgeon du centre sera pincé dès qu'il aura six à huit feuilles, afin de faciliter le développement de ceux des côtés ; il sera maintenu au-dessous du point des deux autres. A la taille d'hiver, les rameaux de côté ne recevront que peu ou pas de taille, tandis que celui du centre sera taillé à 0m15 ou 0m20, peut-être 0m30, cela dépendra de la végétation. Puis, jusqu'à complète formation, le centre devra toujours marcher en arrière et n'arriver qu'après les rameaux de côté au sommet du mur.

Quant à la taille d'hiver et à celle d'été concernant les rameaux, elles sont les mêmes que pour les autres formes. Cependant les palissages se font généralement dans une position horizontale, tant que les rameaux sont bien constitués ; autrement ils se font obliquement. Pour ce qui est de l'allongement des rameaux de prolongement, il est une règle générale dont il ne faut pas se départir : toute forme verticale élevée en espalier ou en contre-espalier, doit subir une diminution de moitié dans ses longueurs de pousse ; si l'on ne suivait pas cette règle, il arriverait que les boutons placés à la base des rameaux de prolongement ne se développeraient pas. Dans le pêcher, c'est un inconvénient très grand ; la sève n'étant pas assez fortement refoulée à la base, il ne se développerait alors que de petits rameaux bouquets qui ne produiraient que de mauvais remplacements.

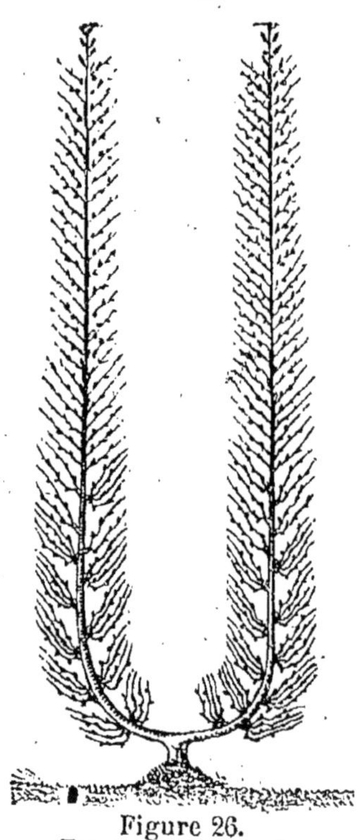

Figure 26.
Forme en U simple

Forme en U simple (fig. 26). — La forme en U simple ne diffère en rien de celle en Trident, tant pour le recepage que pour le traitement d'été. Trois boutons sont également choisis à la base, quelle que soit leur position. Au printemps, on traitera l'U simple de la même manière que la palmette double Verrier ; à la première taille d'hiver, on supprimera peu ou même pas du tout de la longueur obtenue pendant la végétation ; ensuite, chaque année, il faudra retrancher la moitié de la longueur de pousse. Avec ce système on obtient facilement la figure 26. Pour toutes ces formes il est bon de décrire une courbe arrondie en les établissant, et non une courbe horizontale qui se brise tout d'un coup en prenant la direction verticale ; plus une courbe est arrondie et plus la sève circule facilement ; au contraire, plus la courbe est brisée, plus la sève est ralentie dans sa circulation.

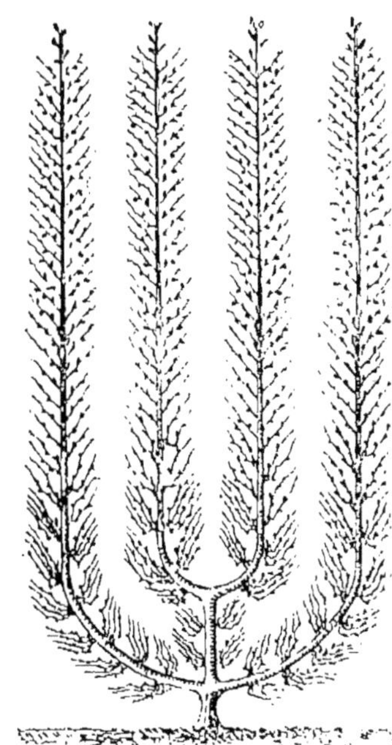
Figure 27.
Forme en U double ordinaire.

Forme en U double ordinaire (fig. 27). — Pour obtenir cette forme, on pratique les mêmes opérations que pour la forme en Trident, avec cette différence qu'il faut mettre deux ans d'intervalle entre les branches sous-mères du bas et celles du dessus ; ce laps de temps est nécessaire à la constitution des branches du bas.

Taille en crochet (fig. 28). — Non seulement la circulation de la sève est arrêtée par les mauvaises courbes lors de la formation, mais elle l'est encore davantage lorsque le pêcher vieillit. Les écorces sont rugueuses, les coursons sur lesquels on a opéré beaucoup de rapprochements sont durs et ne laissent plus passer la sève aussi facilement, les rameaux du pêcher ne se portent plus à fruits de la même manière ; alors, au lieu de ne conserver qu'un bourgeon de remplace-

Figure 28.
Taille en crochet O.

ment lors du palissage d'été, il faut en conserver deux dont l'un est destiné à servir plus tard de rameau. On pratique ainsi ce que l'on appelle vulgairement la taille *en crochet*. Cette taille s'emploie pour tous les vieux arbres, lorsque l'on veut rapprocher des coursons qui ne portent du fruit que vers l'extrémité, ou bien encore lorsqu'il se trouve un vide sur une branche. Or, il arrive parfois que le courson du pêcher (fig. 28) présente trois rameaux dont un, le rameau B, qui, ayant fructifié et reçu plus ou moins de pincements, sera supprimé ; le rameau A sera taillé comme l'indique le trait, pour qu'il produise du fruit. Si ce dernier tient, il faudra alors, au moment du développement des bourgeons, pincer ceux-ci à deux feuilles au-dessus du fruit, dans le but d'y entretenir la sève et d'abriter le fruit ; si, au contraire, il n'a pas tenu, il faudra supprimer cette partie complètement. Quant au rameau C, qui n'a que des boutons à bois, il sera taillé, comme la figure l'indique, sur ses deux boutons de remplacement. Lorsqu'il se trouve un vide sur une branche sous-mère, on fait encore la taille en crochet en allongeant un rameau contre la branche sous-mère.

Troisième Division

Exposition à l'Ouest et au Nord

L'exposition à l'Ouest est généralement consacrée aux arbres suivants : cerisiers, abricotiers, pruniers, et à toutes les variétés de poiriers à gros fruits.

Le cerisier. — Le cerisier est un arbre de grand rapport pour l'Anjou ; il pousse très bien dans toute la région de l'Ouest. On le greffe sur cerisier franc pour les hautes tiges et sur cerisier Sainte-Lucie pour espalier. Sa culture en espalier n'est que secondaire en Anjou, tandis que celle en plein air y est considérable.

Le cerisier se prête à toutes les formes, grandes ou petites ; mais il est préférable, à cause de sa vigueur, de l'élever en grandes formes variant de 3 à 6 mètres, afin d'obtenir un résultat satisfaisant.

Les petites formes sont moins heureuses comme rapport, car il faut pouvoir donner un certain allongement au cerisier pour lui permettre de fructifier.

Les meilleures formes à donner, sont : la palmette simple, à branches horizontales, pour les murs de 1^{m}50 à 2 mètres ; la palmette Verrier pour les murs de 2 à

3 mètres. Il faut un intervalle de 0m40 entre chacune des branches mères et sous-mères, car cet arbre a de très larges feuilles, et il lui faut beaucoup d'air pour la bonne constitution de ses rameaux.

Recepage, première année. — Le cerisier doit être recepé dans l'année de la plantation, au début de la végétation. Le recepage se fait à 0m35 ou 0m40 du sol, sur trois boutons bien placés, dont un de chaque côté, destinés à former les premières branches sous-mères, et le troisième au-dessus de ces deux premiers et destiné à faire le prolongement de la tige ou branche mère.

Règle générale. — Tous les arbres à fruits à noyaux doivent être recepés dans l'année de la plantation pour deux raisons majeures : la première, c'est que la reprise se fait plus promptement que dans les arbres à fruits à pépins ; la deuxième, c'est que l'arbre, ayant une prompte reprise, les bourgeons qui naîtraient à l'extrémité de ces jeunes arbres pousseraient vigoureusement au détriment des yeux de la base, et, si ces yeux étaient privés de sève, ils ne tarderaient pas à s'annuler.

Ébourgeonnement. — Au printemps, il faudra ébourgeonner tout ce qui est en plus des trois bourgeons qui sont nécessaires. Les deux bourgeons qui formeront les deux premières branches sous-mères, seront palissés sur deux baguettes, en leur faisant décrire une courbe arrondie comme pour tous les arbres en formation ; la tige sera maintenue par le pincement, au bénéfice des deux bourgeons de la base.

Première taille, deuxième année. — Comme dans toutes les grandes formes, il faudra mettre deux ans d'intervalle entre la première et la deuxième série ; chaque série doit avoir 0^{m}40 d'intervalle ; la première taille se fera sur la tige à 0^{m}20 ; les deux rameaux formant les deux premières branches sous-mères, seront taillés aux deux tiers de leur longueur.

Pincement. — Tous les bourgeons du cerisier seront pincés selon leur force et leur position. En général, le cerisier se pince à six ou sept feuilles sur les bourgeons de côté et de force ordinaire, et à quatre ou cinq feuilles sur les bourgeons très forts ou sur ceux placés en avant.

Quant aux prolongements des branches sous-mères, ils ont rarement besoin d'être pincés, tandis que la tige a presque toujours besoin de l'être : pour cela, il faut se guider sur la végétation de l'arbre.

Deuxième taille, troisième année. — A la troisième année, les branches sous-mères seront abaissées horizontalement sur une certaine longueur, en ayant soin de relever toujours l'extrémité dans une position oblique. Il est inutile de tailler les prolongements des branches sous-mères du cerisier pendant sa formation, à moins toutefois qu'il n'y ait une différence d'équilibre; dans ce cas, l'on ferait au plus fort prolongement une suppression proportionnelle au plus petit. Quant à la tige, il faut la tailler au-dessus de trois bons boutons, et à 0m45 au-dessus des premières branches sous-mères, afin d'obtenir une deuxième série. Comme généralement les mérithalles du cerisier sont longs de 0m03 à 0m05, par cette taille de 0m45 on obtiendra la série à 0m40.

Taille des coursons. — La figure 29 représente une branche de cerisier âgée de trois ans, ayant subi une taille deux années de suite dans son prolongement.

Le rameau du bas (bois de deux ans), qui, l'année précédente, avait été taillé à six boutons à cause de sa faiblesse, s'est porté à fruit; pour la même cause, il sera taillé à nouveau, au trait, sur trois bouquets.

Le deuxième rameau avait été taillé à trois boutons, parce qu'il était fort : le bouton de la base ne s'est pas développé, le deuxième bouton s'est mis à fruit, tandis que le troisième a poussé vigoureusement et a reçu un premier pincement à deux feuilles et un deuxième à quatre, ce qui a réussi à le faire porter à fruit; il sera taillé sur le bouquet, au-dessus du deuxième trait.

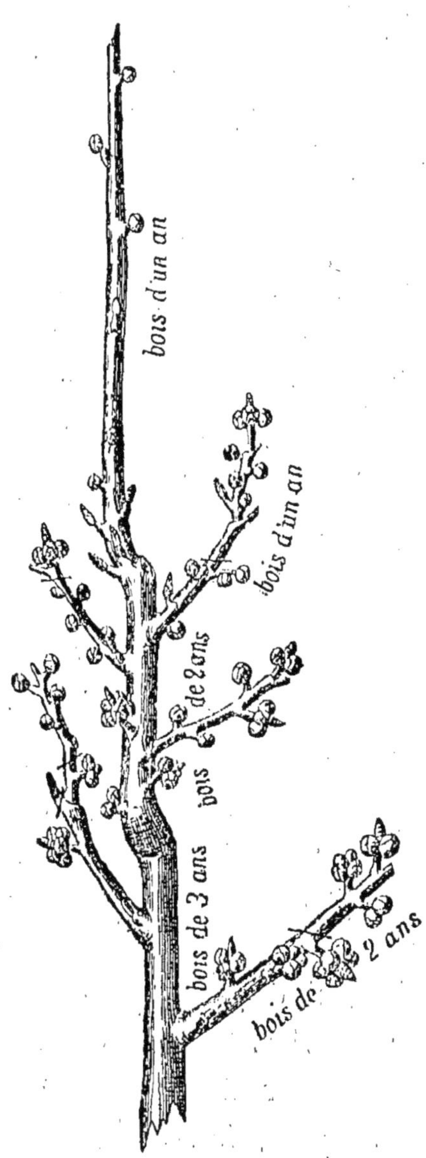

Figure 29. Taille des coursons II.

Quant aux rameaux nés de la taille précédente (à la marque indiquée bois de deux ans), les trois plus élevés ont reçu un pincement à cinq ou six feuilles ; lors de la taille d'hiver, les deux supérieurs seront taillés aux traits, et le troisième laissé intact à cause de ses deux petits bouquets de l'extrémité; le prolongement, étant de force moyenne, ne recevra pas de taille.

Après la troisième année, la vigueur générale du cerisier permettra d'obtenir une série chaque année, car il est facile à conduire et à faire porter à fruit, moyennant l'allongement proportionnel.

De l'Abricotier

En Anjou, on plante en espalier très peu d'abricotiers ; on préfère les mettre dans le verger : cependant lorsque l'on veut en avoir qui mûrissent plus tôt, il faut les mettre en espalier, à l'ouest, où ils réussissent assez bien.

L'abricotier se greffe ordinairement sur le prunier.

Formes. — On lui donnera les mêmes formes qu'au cerisier, la même distance de plantation et par conséquent le même intervalle entre les séries.

Recepage. — Il suffit de le receper à 0^m35 ou 0^m40 de terre; les yeux sont tellement rapprochés, qu'il n'y aura que l'embarras du choix lors de l'ébourgeonnement, qui se fait absolument comme pour le cerisier.

Le principal dans l'abricotier c'est de le surveiller très sérieusement lors de son développement, au printemps. C'est un arbre très fougueux qui donne des surprises très désagréables s'il n'est pas pincé assez tôt.

Pincement. — Les feuilles de l'abricotier étant très rapprochées, il n'est pas toujours facile d'indiquer exactement le nombre sur lequel on pincera ; cependant, plus les bourgeons sont vigoureux ou gourmands, plus aussi les mérithalles s'éloignent ; pour ceux-là, il est bon de faire un pincement sévère, variant de quatre à six feuilles, afin de refouler la sève sur les autres petites parties que j'appelle brindilles ; ces brindilles portent ordinairement beaucoup de feuilles tout en restant grêles ; si parfois on les pince, elles le seront à huit ou dix feuilles.

Remarque. — Il est à remarquer que l'abricotier ne se développe jamais régulièrement ; il ne possède que des bourgeons inégaux ; il n'est pas rare de voir se développer un gros bourgeon en un point donné, pendant que cinq ou six autres bourgeons voisins seront très faibles. Or, si le pincement n'est pas fait assez tôt sur ces gros bourgeons, il s'ensuivra des nudités fâcheuses ; il est donc urgent de faire un pincement très suivi. Si toutefois l'arbre ne se porte pas facilement à fruit, il sera cependant possible d'en obtenir du fruit en palissant sur les branches-mères les plus fortes brindilles, moyen qui réussit très bien.

Taille des coursons. — La taille se fait par rapprochement sur les petits bouquets ou sur les brindilles.

Pour les différentes variétés d'abricotiers, voir au chapitre VI, 2me partie.

Du Prunier

Comme pour l'abricotier, je conseille de mettre peu de pruniers en espalier ; à part quelques espèces, il est préférable de le planter dans le verger. Le prunier se greffe sur lui-même et se traite absolument comme l'abricotier.

Du Poirier

Le poirier croît à l'état sauvage dans toutes les parties tempérées de l'Europe ; dans l'Ouest, on le trouve dans les bois et les haies. C'est par suite de semis successifs et de soins attentifs que l'on est arrivé à acquérir les nombreuses et excellentes variétés que nous cultivons aujourd'hui; beaucoup d'entre elles ont été obtenues en Anjou, où le climat permet de les cultiver avec succès. C'est du reste une culture d'un excellent rapport; aussi augmente-t-elle de plus en plus en Maine-et-Loire.

Poiriers à fruits à compotes ou à gros fruits

Tous les poiriers donnant de gros fruits ne sont bien qu'en espalier; ce sont les espèces suivantes : Belle Angevine, Catillac, Bon Chrétien d'hiver, Doyenné d'hiver, Beurré Royal, Beurré d'Aremberg, Triomphe de Jodoigne.

Le poirier se prête à toutes les formes; les plus employées sont celles en U, en trident et petite palmette à cinq branches pour les murs très élevés (3 à 4^{m}), et les formes palmette Verrier et palmette candélabre pour les murs de 2^{m} à 2^{m}50, la palmette simple à branches horizontales pour les murs de 1^{m}50 environ. La distance à observer entre chaque arbre dépendra de la forme que l'on choisira.

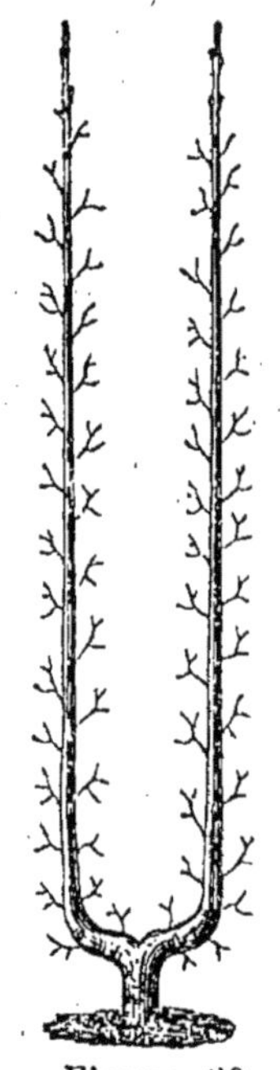

Figure 30.
Forme en U simple O.

Forme en U simple (fig. 30). — Cette palmette est très facile à conduire; on plante les sujets à 0m60 les uns des autres.

On les recèpe à 0m35 du sol sur deux boutons, l'un à droite et l'autre à gauche, pour obtenir plus tard deux bons bourgeons à 0m30 du sol, que l'on palissera sur deux baguettes, auxquelles on donnera la forme en U, avec un écart de 0m30.

Lors de la première taille, on devra veiller à l'équilibre des deux tiges, tout en ne supprimant que très peu de leur extrémité. Pendant l'été, il ne faudra pas négliger le pincement, et le faire dès que les bourgeons ont atteint 0m30 environ, afin de faire grossir les boutons de la base. A la troisième taille d'hiver, on supprimera la moitié de la longueur de la pousse ; puis, chaque année, les mêmes opérations recommenceront.

Forme en Trident (fig. 31). — Pour cette forme, on plante à 1m de distance ; on recèpe à 0m40 au-dessus de trois boutons bien placés, pour en obtenir les trois bourgeons nécessaires ; l'un d'eux, celui du centre, est dirigé verticalement, et les deux autres décrivent une courbe pour se relever ensuite dans la position verticale, avec un écartement de trente et quelques centimètres entre les branches.

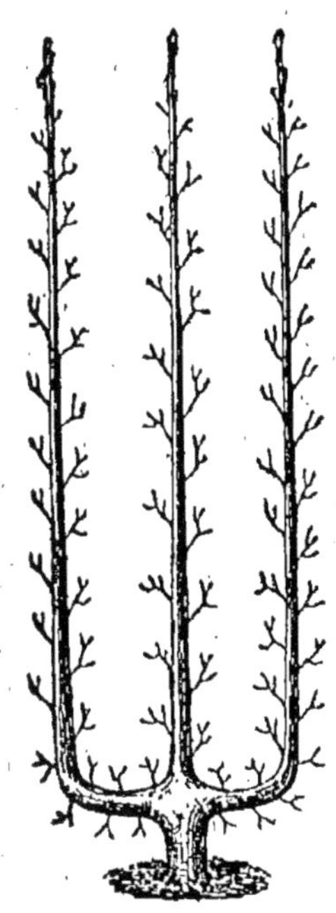

Figure 31.
Forme en Trident. O.

Les soins à leur donner sont les mêmes que pour la forme en U, sauf qu'il faut toujours maintenir la tige centrale en arrière, celle-ci ayant tendance à prendre plus de sève à cause de sa position.

Palmette à cinq branches (fig. 32). — Cette forme ressemble beaucoup au Trident, avec cette différence qu'il faut mettre deux ans d'intervalle entre l'obtention de la première et de la deuxième série des branches sous-mères ; ce n'est que la troisième année que l'on obtiendra cinq branches. On aura pour cette forme les mêmes soins que pour la forme en trident.

La distance à observer entre chaque plant, destiné à cette forme de palmette à cinq branches, devra être de 1^m50 à 1^m60.

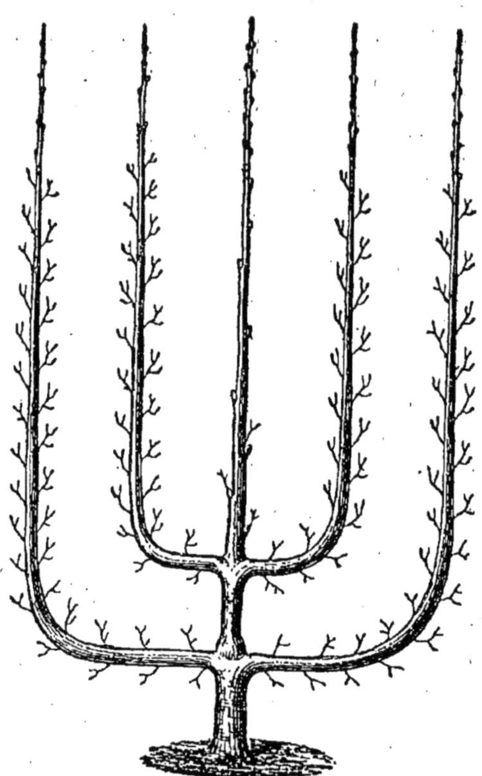

Figure 32. Palmette à cinq branches. O.

Palmette Verrier. — Cette palmette est certainement la plus gracieuse de toutes les formes ; de plus, elle est facile à conduire.

La figure 33 la représente composée de onze branches, dont une au centre et cinq de chaque côté, qui sont à 0^m30 les unes des autres.

Le recepage se fait à 0^m40, afin d'obtenir à 0^m30 au-dessus du sol trois bourgeons, un de chaque côté,

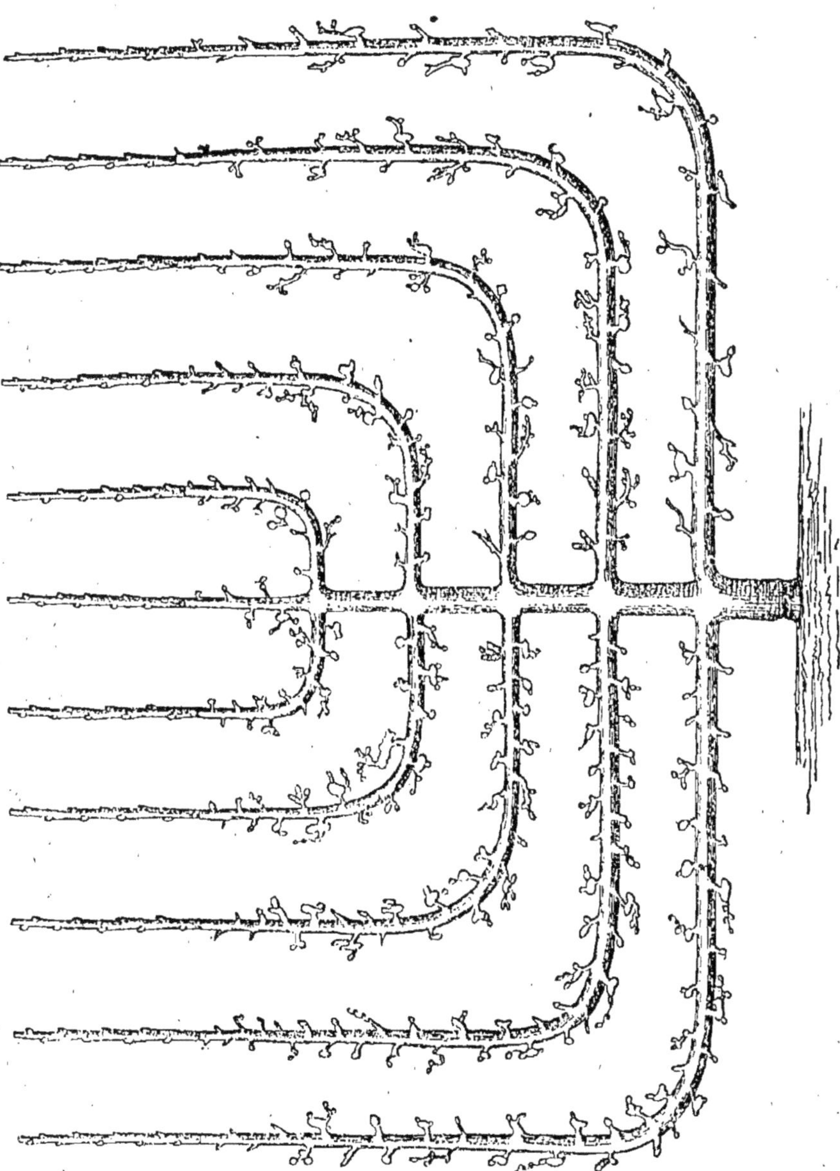

Figure 33. Palmette Verrier. II.

destinés à former les premières branches sous-mères. Au printemps, lorsque les bourgeons auront atteint 0^m30 ou 0^m40, il faudra palisser sur deux baguettes les deux bourgeons de côté en les maintenant dans une direction légèrement oblique, tout en leur faisant décrire une courbe au départ. Quant au bourgeon central, on devra le pincer à 0^m10 ou 0^m15, dans le but de refouler la sève sur les bourgeons de côté, et de maintenir la tige centrale en arrière.

Vers la fin de juin ou juillet, lorsque les bourgeons sont devenus ligneux et par conséquent plus flexibles, on détachera les deux bourgeons EE de la ligne qu'ils occupent provisoirement pour les abaisser sur les lignes BB (fig. 34).

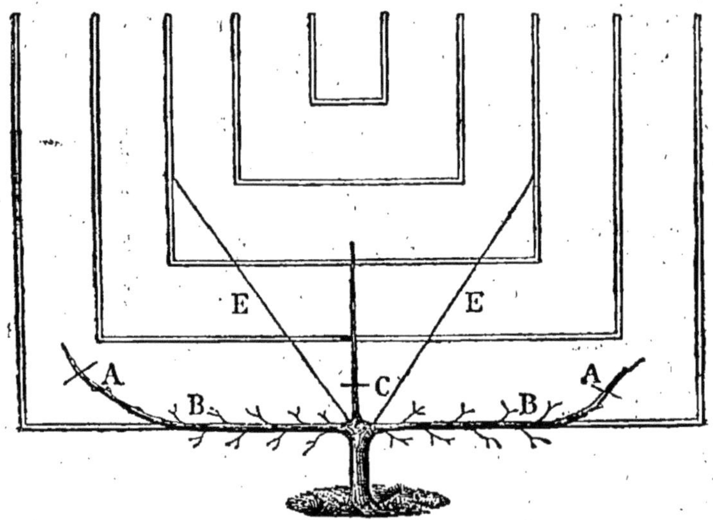

Figure 34. Palmette Verrier en formation. O.

Première taille d'hiver. — Les deux bourgeons BB seront taillés en A et conservés dans cette position relevée; le rameau central sera taillé en C, ce qui lui donnera une longueur de 0m10 à 0m12 à peu près. Pour le poirier élevé en palmette Verrier, comme pour toutes les grandes formes, il est nécessaire de mettre deux ans d'intervalle entre l'obtention de la première et de la deuxième série; ce n'est donc que la troisième année, à l'époque de la deuxième taille, que l'on pourra choisir trois yeux, à 0m35 au-dessus des deux premières branches sous-mères, pour obtenir une nouvelle série; puis, chaque année, il sera possible d'obtenir une autre série, jusqu'à complète formation.

Remarque. — Il est essentiel de ne pas oublier que toutes les branches sous-mères de la palmette Verrier doivent toujours être supérieures au centre pendant la formation. Si parfois il arrivait un ralentissement dans les branches sous-mères, on taillerait la tige au même point que l'année précédente, afin de refouler la sève sur les branches sous-mères.

Palmette simple à branches horizontales (fig. 35). — Cette forme convient aux petits murs de 1m50 environ; on fait subir à l'arbre, dans son jeune âge, les mêmes traitements que pour la palmette Verrier; puis au fur et à mesure que les branches sous-mères se

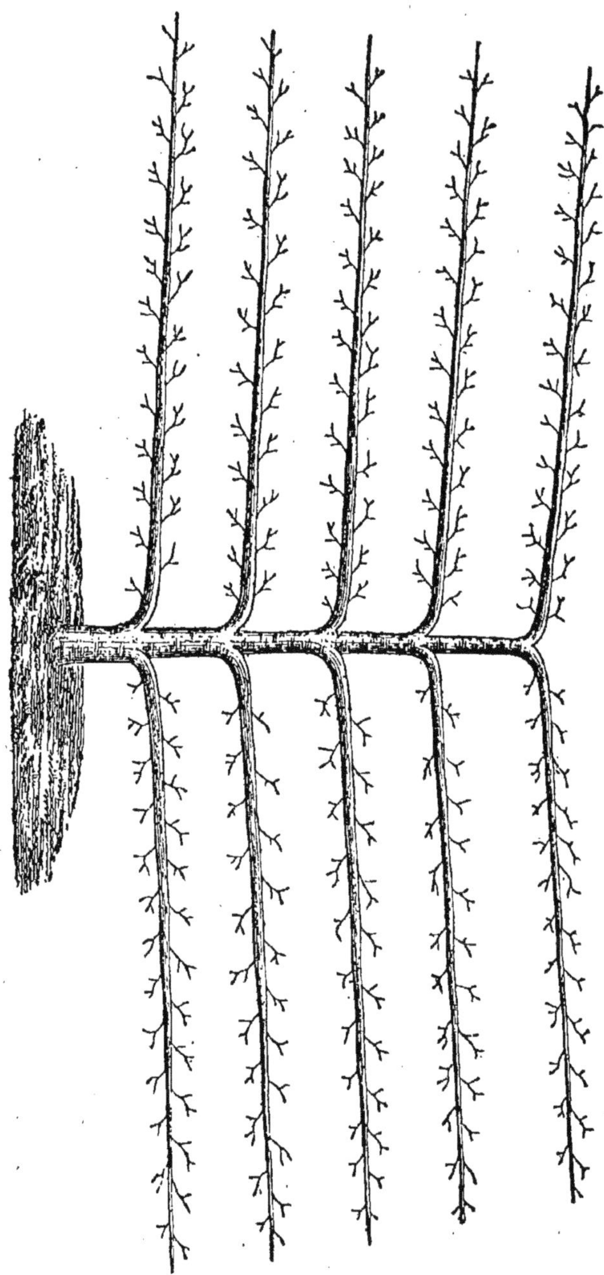

Figure 35. Palmette simple à branches horizontales. O.

développent, on les abaisse au point qu'elles doivent occuper. On plante, pour cette palmette, à 3 mètres de distance.

Palmette Candélabre (fig. 36). — Le Candélabre se recèpe à 0m35 sur deux boutons, placés l'un à droite et l'autre à gauche ; ces boutons sont destinés à former les deux branches mères qui devront faire tout l'encadrement que doit occuper cette forme, qui atteint 2m50 environ.

La première année, on traitera les bourgeons comme pour la forme en U, avec cette différence qu'on leur laissera la direction oblique pendant toute la végétation.

Première taille. — Lors de la première taille, on supprimera très peu ou pas du tout du prolongement des rameaux ; les années suivantes, on opèrera de la même façon, afin de conduire les branches mères à leur destination le plus promptement possible. Il ne faut pas songer à élever les trois branches sous-mères, placées à l'intérieur, avant que les branches mères soient relevées dans leur position verticale, avec une longueur de 0m40 au-dessus de la courbe ; alors seulement, on commencera à élever les sous-mères, en commençant à 0m30 des branches mères, puis chaque année, on obtiendra une branche de chaque côté, en ayant bien soin de finir par celles du centre.

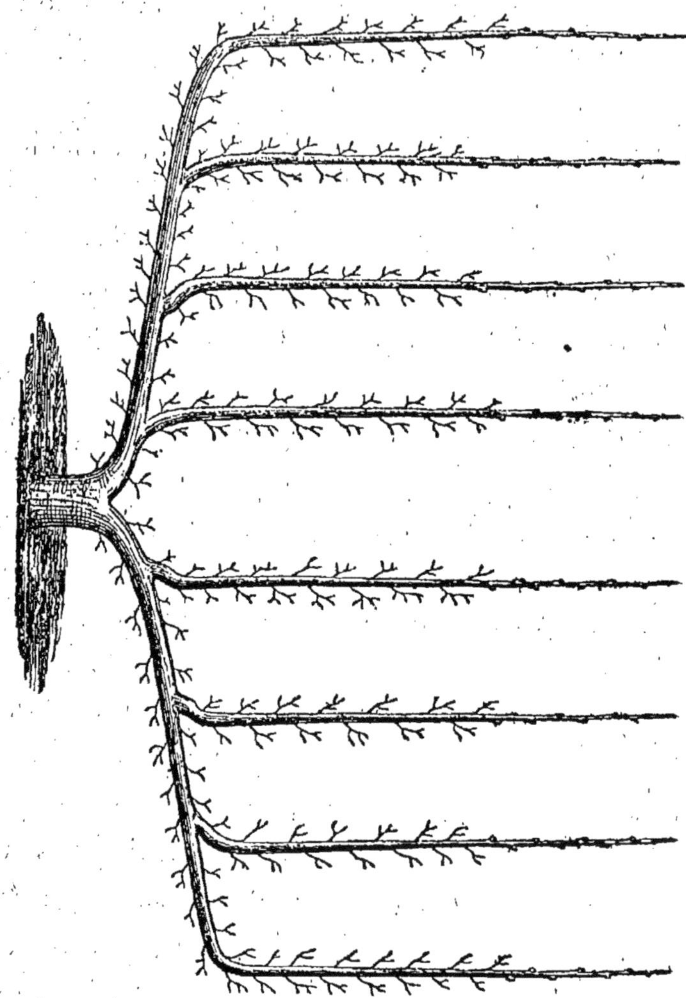

Figure 36. Palmette Candélabre. O.

A l'exposition au Nord, on place des variétés donnant des fruits de maturité précoce comme le citron des

Carmes, Beurré Giffard, André Desportes, William, Duchesse d'Angoulême, Bonne Louise et Beurré d'Amanlis. Les formes à donner aux arbres ainsi exposés sont les cordons obliques simples ou doubles; de préférence, les obliques simples (fig. 37).

En général, l'exposition au Nord ne donnant qu'une moyenne végétation, c'est pour cela qu'on y établit des cordons simples.

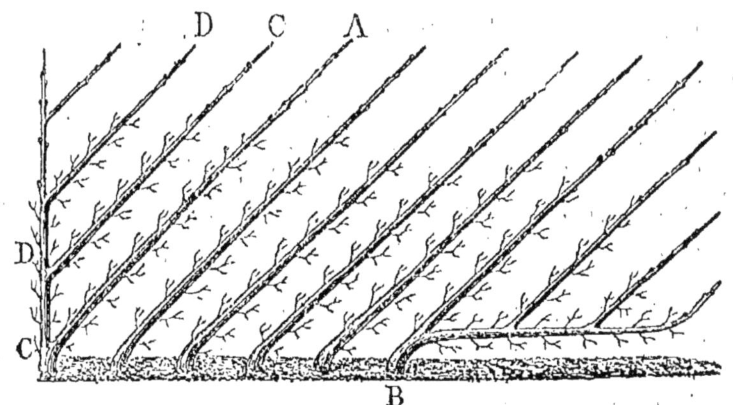

Figure 37. Cordons obliques simples. O.

Chacun des arbres placés à l'extrémité (fig. 37) du mur auront un vide à combler; pour y arriver rapidement, on y plante des espèces vigoureuses, telle que la Beurré d'Amanlis. Le sujet B sera planté à 2^{m} de l'angle du mur si le mur a 2^{m} de hauteur et à 3^{m} si le mur a 3^{m} de haut; partant de là on plantera les autres sujets à 0^{m}45 les uns des autres.

Le recepage se fait à 0^{m}20 au-dessus de la greffe,

sur un bouton placé du côté opposé où devra se diriger le bourgeon lors de son développement, afin que celui-ci recouvre la coupe faite par le recepage ; tous les bourgeons seront, dès la première année, conduits sur une baguette placée sous un angle de 70 degrés, puis abaissés successivement jusqu'à 45 degrés.

Chaque année, lors de la taille, on supprimera le tiers environ de toutes les jeunes pousses, excepté celles des arbres A et B qui seront laissés intacts pendant les deux premières années, afin de leur faire acquérir plus de vigueur. Lorsque l'arbre B atteindra une longueur de 1m60 environ, il sera abaissé vers la ligne horizontale, tout en étant maintenu relevé vers son extrémité ; puis les années suivantes on élèvera au-dessus autant de branches qu'il en faudra pour combler le vide.

L'arbre A, lors de son inclinaison, donnera naissance à un bourgeon C qu'on laissera pousser librement, pour l'incliner ensuite en C ; cette dernière inclinaison donnera naissance au bourgeon D qui finira de combler le vide.

Cordons obliques doubles (fig. 38). — Cette forme ne diffère de la première que par sa plantation plus éloignée. Il n'est pas possible d'abaisser aussi facilement ses branches que celles des cordons simples ;

pour cette raison on ne distance les arbres que de 0m80 l'un de l'autre.

Le recepage est le même que pour les cordons simples. Lorsque la première branche obtenue atteindra les deux tiers de son parcours, on commencera à former la deuxième ; il ne faut jamais chercher à élever les deux à la fois, c'est un mauvais procédé.

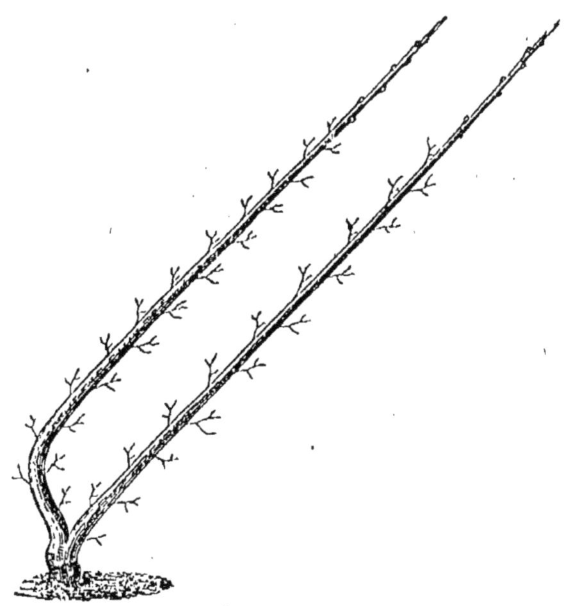

Figure 38. Cordons obliques doubles. O.

Nota. — Lors de la plantation, on devra veiller à ce que la greffe des arbres plantés contre les murs, soit toujours placée en avant et non du côté du mur ; la greffe des arbres destinés à former des pyramides ou même des tiges, sera tournée au sud-ouest; ainsi placée, la greffe est à l'abri des vents violents qui pourraient la dessécher ou la décoller.

Quatrième division

Plantation intérieure du jardin fruitier-potager. Poiriers en pyramide et en colonne

Nos quatre murs étant plantés, il reste à planter la plus grande partie du jardin, qui comprend toutes les plates-bandes A et B.

Pour cette plantation, il est très important de choisir des arbres ayant la même vigueur pour chacune des allées. Je recommande surtout de mettre dans l'allée centrale des espèces à bois érigés, afin d'obtenir des formes régulières.

Les meilleures formes pour l'intérieur du jardin fruitier-potager sont les pyramides et les colonnes.

On placera de préférence les pyramides dans les allées centrales R, à une distance de 3^m les unes des autres et à 1^m de l'allée.

Les colonnes seront placées dans les plates-bandes B du côté des allées D, à une distance de 1^m50, et à 1^m de l'allée; on leur donne cette place parce que, étant moins élevées que les pyramides, l'air circule plus facilement contre les murs.

Traitement de la Pyramide

Recepage. — Pour cette forme, le recepage se fait un an après la plantation à 0^m45, dans le but de provoquer le développement de la première série de branches sous-mères au nombre de cinq, plus une sixième branche pour la tige.

Ébourgeonnement. — Au printemps suivant, l'arbre recepé donne quelquefois plus de bourgeons qu'il n'en faut ; on choisira alors les six bourgeons nécessaires, puis on ébourgeonnera les autres. Cette opération se pratique dès que les bourgeons ont sept à huit feuilles. Si, parmi les six conservés, il s'en trouvait ayant tendance à devenir plus forts que les autres, on pincerait leur extrémité, afin de refouler la sève sur les plus faibles ; puis, lorsque les bourgeons auront atteint 0^m30 environ, on les palissera sur de petites baguettes convenablement disposées. L'année suivante, l'arbre ainsi traité représentera la fig. 39.

Cette figure représente une tige bien constituée, sur laquelle on obtiendra une nouvelle série en la taillant à 0^m45 de la série précédente ; les cinq rameaux formant la première série seront taillés à 0^m40 ; c'est sur le rameau le plus près du sol que sera prise cette mesure de 0^m40 qui doit être uniforme ; autrement,

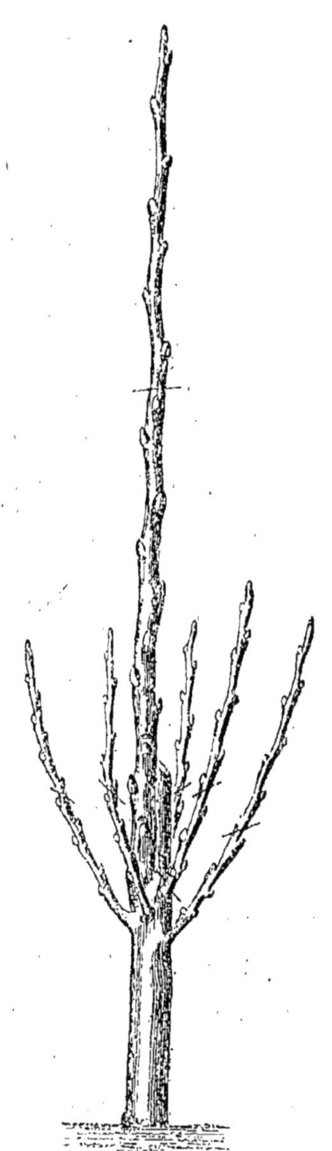

Figure 39. Poirier d'un an.
II. après le recepage.

si chaque rameau était taillé à 0m40 de sa base, il arriverait que le rameau placé près du prolongement aurait une longueur qui porterait préjudice à ceux du dessous ; il faut donc chercher à ce que les cinq rameaux, une fois taillés, forment entre eux une ligne horizontale sur le dessus de leur coupe.

Au printemps, la tige donnera une nouvelle série, à laquelle on donnera les mêmes soins qu'à la première série obtenue l'année précédente ; puis, chaque année, on renouvellera les mêmes opérations pour obtenir de nouvelles séries.

Toutes ces séries devront avoir entre elles 0m30 d'intervalle.

De l'onglet. — Je recommande d'avoir soin de laisser

au-dessus de l'œil terminal de la tige un onglet de 0m10 environ, destiné à servir de tuteur naturel à la tige, afin de la maintenir dans sa direction verticale. On aura soin d'enlever, sur cet onglet, les yeux qui s'y trouvent, puis lui-même sera enlevé lors de la taille suivante.

Deuxième taille d'hiver. — La pyramide, lors de sa deuxième taille, sera formée de deux séries, la première ayant reçu l'année précédente une taille à 0m40, recevra à la deuxième taille un allongement de 0m35 ou 0m40, si la tige est bien constituée ; au total, les branches de cette première série auront donc 0m75 ou 0m80 de longueur. Quant à la deuxième série, elle sera taillée à son tour à 0m40, puis la tige à 0m45, pour donner naissance à la troisième série.

Au printemps qui suivra, on trouvera sur l'arbre les bourgeons suivants : bourgeons proprement dits, stipulaires, anticipés et radicaux, plus un cinquième, formé d'une rosette de feuilles à sa base. Les bourgeons proprement dits (fig. 40) sont ceux qui se développent sur toute la charpente; c'est le premier état des ramifications de l'arbre; ils se pincent régulièrement à six feuilles en A (fig. 40), excepté ceux qui se trouvent placés près des prolongements et qui seront pincés à deux ou quatre feuilles, selon leur force. Les bourgeons stipulaires prennent naissance à l'empâte-

Figure 40.
Bourgeons proprement dits. O.

ment même du rameau proprement dit; on en trouve un de chaque côté; ils sont presque toujours inutiles pour la charpente de l'arbre, mais ils servent souvent à former des coursons ou de petites brindilles fruitières; s'ils ne sont pas nécessaires, on les ébourgeonne. Les bourgeons anticipés sont ceux qui naissent sur les bourgeons de l'année pendant la végétation; on les pince à deux feuilles. Les bourgeons radicaux se développent au collet des arbres et même sur les racines; ceux-ci sont toujours nuisibles, il faut les supprimer. Le cinquième bourgeon est composé de six à huit feuilles en forme de rosette; il naît de petits dards, dont le développement est provoqué par une taille rapprochée ou par un pincement répété sur les ramifications voisines.

Ces bourgeons poussent d'abord lentement; puis, plus tard, les feuilles aidant, ils se développent assez vigoureusement. On les pince alors sur la rosette de feuilles; ce pincement fait grossir une rosette de dards, dont un certain nombre se mettent à fruit dès l'année suivante. Jusqu'à présent, très peu d'arboriculteurs ont fait attention à ces bourgeons ; c'est regrettable ; depuis vingt ans, je traite ainsi ces bourgeons et j'ai obtenu d'excellents résultats.

Lorsque tous ces bourgeons ont cessé de croître, ils prennent le nom de rameaux, qu'ils conservent jusqu'au réveil de la végétation ; à ce moment, quand ils donnent naissance à de nouveaux bourgeons, ils prennent le nom de branches.

Troisième taille d'hiver. — A cet âge, notre pyramide possède trois séries ; on taillera la tige à 0^{m}45, pour provoquer le développement de la quatrième série à laquelle on donnera les mêmes soins qu'aux précédentes ; la première série recevra alors un allongement de 0^{m}25 environ, la deuxième de 0^{m}30, la troisième de 0^{m}35. Lors de cette taille, on trouvera sur les premières séries obtenues à peu près toutes les ramifications dont une branche est composée.

Il y a, dans le poirier, quatre sortes de branches, la branche mère, les branches sous-mères, les branches coursons et les branches dites brindilles. La branche mère est la principale partie de l'arbre, d'où sort toute la charpente ; les branches sous-mères sont celles qui, prenant naissance sur la branche mère, forment les séries ; les branches coursons sont celles qui naissent sur les branches sous-mères ; les brindilles sont toutes les petites ramifications que l'on rencontre sur les branches coursons ou à la base de certains prolongements.

Le cassement. — L'arbre ayant toutes les ramifications que je viens d'indiquer sera soumis au cassement.

Cette opération a pour but de fatiguer les tissus des rameaux et de les faire porter plus vite à fruit.

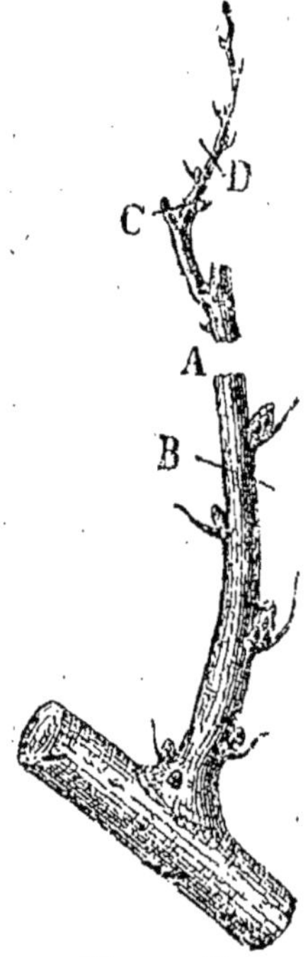

Figure 41.
Cassement. O.

La figure 41 représente le bourgeon qui a reçu pendant l'été un premier pincement à six feuilles, puis un deuxième en C et un troisième en D. Ces deux derniers ont été pratiqués à deux feuilles seulement. Ces pincements répétés ont eu pour effet de faire grossir tous les yeux que nous retrouvons sur le rameau (fig. 41).

Pour certaines variétés, dont les boutons ne sont pas bien formés dès la base, je fais le cassement en A et, pour les variétés dont les boutons sont formés dès la base, je le fais en B, à trois boutons. C'est généralement ce dernier pincement qui se pratique.

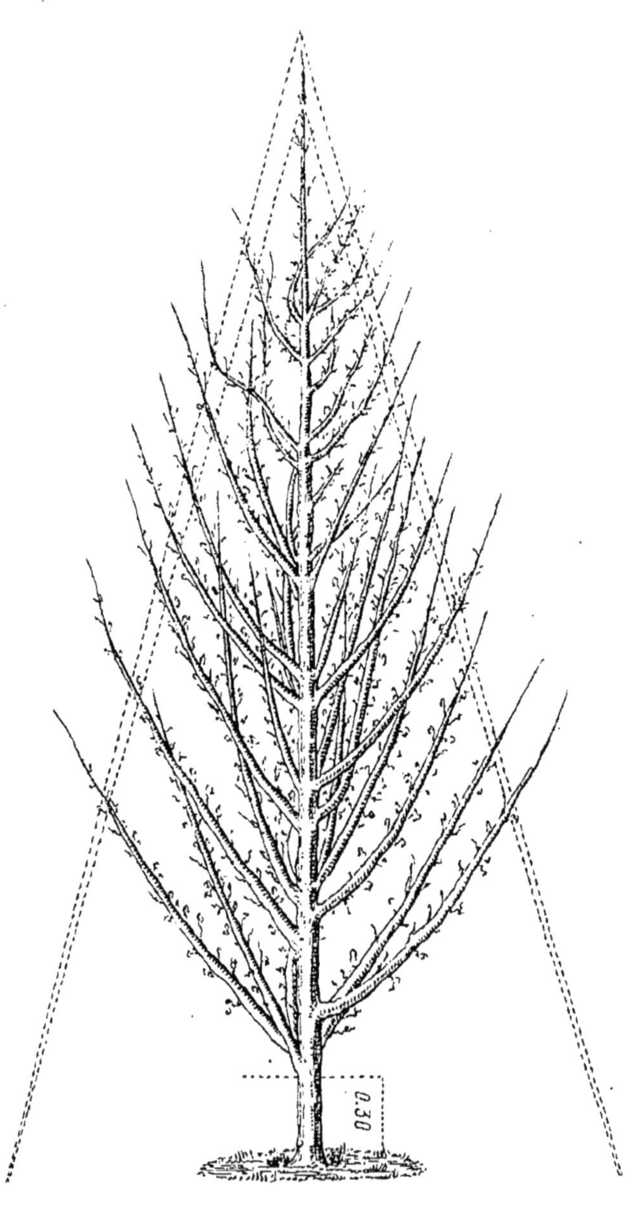

Figure 42 _ PYRAMIDE FORMÉE

Rapprochement. — A la taille d'hiver, on pratiquera le rapprochement en B (fig. 41), afin de concentrer la sève sur cette partie. Cette opération se fera sur chaque partie ainsi formée.

Quatrième taille. — A ce moment, la pyramide recevra la taille pour sa cinquième année et prendra la forme d'un cône (fig. 42).

Les branches de la première série seront allongées de 0m10 à 0m15 et seront écartées du pied mère sous un angle de 45 degrés. Quant à la taille des autres séries, on prendra une ligne oblique, partant de l'extrémité du prolongement de la première série jusqu'à l'extrémité de la tige, qui servira de guide pour tailler toutes les autres séries. Puis, chaque année, on allongera la première série du bas de quelques boutons, on prendra une série nouvelle sur la tige, et toujours on se fixera sur la même ligne oblique pour tailler toutes les autres séries.

On conduira ainsi la pyramide jusqu'à douze séries ; rendu à ce point, l'arbre mesurera 6m de haut et 2m de diamètre, et par conséquent un peu plus de 6m de circonférence.

Tous les pincements, cassements et rapprochements se continueront de la manière indiquée pour chacune de ces opérations. Ce que je recommande surtout, c'est de ne jamais laisser grossir les empâtements des coursons ; dès leur formation, si le développement est trop fort, on les rapproche immédiatement sur les stipulaires, pour en atténuer la vigueur et les faire porter à fruit.

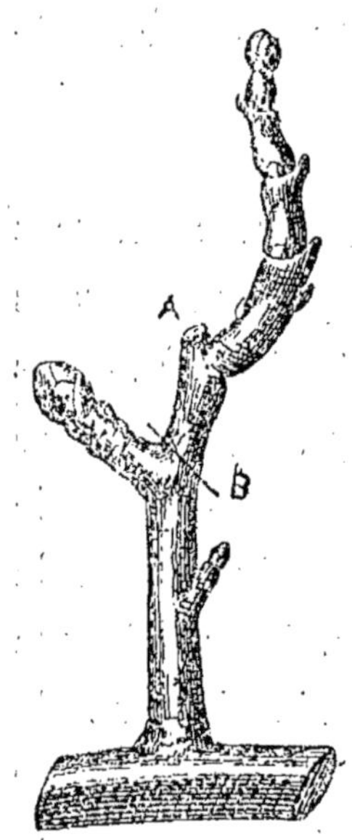

Figure 43.
Résultat du cassement. II.

Effet du cassement au printemps suivant (fig. 43). — Lorsque le rameau soumis au cassement est de force moyenne, le bouton de l'extrémité se développe, pendant que ceux du dessous ne sont qu'à l'état de dards plus ou moins gros.

Le bourgeon en A, qui s'est développé, est pincé de trois à cinq feuilles selon la constitution des deux dards ; plus ces derniers seront gros, plus il faudra faire le pincement long ; si le contraire existe il faudra pincer plus court pour refouler la sève et former en B une lambourde, et au-dessous un dard, qui, l'année suivante, deviendra également lambourde. Comme on peut le remarquer sur la figure 43, le bourgeon A a reçu plusieurs pincements avant que la lambourde se soit formée. Il est donc de toute utilité de faire le pincement ; il avance de beaucoup la mise à fruit de toutes les ramifications. Bien pratiqué, tel que je l'indique, on réussit très bien ; or, il n'y a que le pincement bien raisonné qui donne une forte constitution à l'arbre et une prompte fructification.

Figure 44. Cassement non réussi. O.

Le cassement ne réussit pas toujours, comme l'indique la figure 44. Quelquefois, lorsque le cassement a été fait sur un rameau très vigoureux, placé à la lumière et près des prolongements, il arrive que les trois boutons se développent à bourgeons (fig. 44); dans ce cas on pince celui de l'extrémité en A et les autres sur les traits de la base à deux feuilles. Quand le bourgeon A est trop vigoureux, on le supprime complètement et l'on reporte le pincement A sur le deuxième à cinq feuilles, et à deux ou trois feuilles sur celui de la base ; ces pincements font grossir les yeux stipulaires, sur lesquels on revient à la taille d'hiver.

Il ne faut pas oublier que, pour qu'une pyramide soit bien constituée, on devra intercaler toutes les séries lors de leur formation ; c'est-à-dire que la deuxième sera intercalée entre la première et la troisième, la troisième entre la deuxième et la quatrième, et ainsi de suite jusqu'à la dernière série ; de cette façon, toutes les branches charpentières recevront la lumière.

De la colonne

La colonne n'a pas besoin d'être soumise au recepage. Lorsqu'on plante à l'automne dans de bonnes conditions, on peut même lui appliquer une première taille dès l'année de sa plantation, taille qui consiste à couper les rameaux de la base à cinq ou six boutons, en diminuant progressivement ces longueurs de coupe jusqu'à la tige, de manière à donner de suite à cette dernière une forme de petite colonne. La hauteur totale après cette taille serait de 0m50 à 0m60 environ.

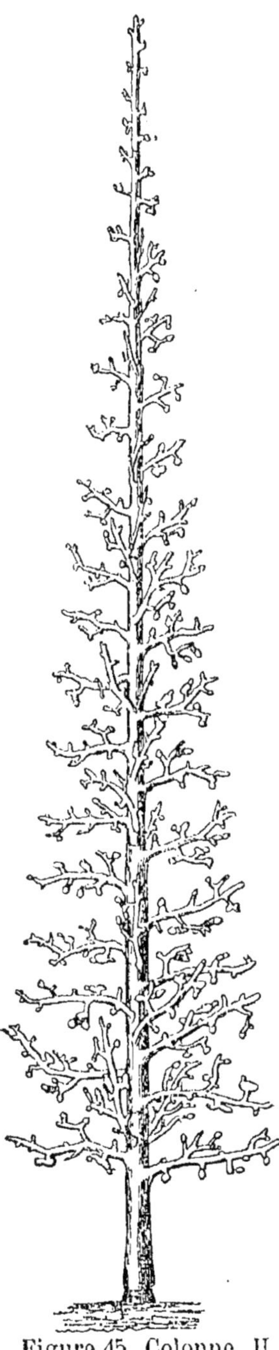
Figure 45. Colonne. II.

Pour cette forme, on prendra des espèces de vigueur moyenne, telles que le Beurré Clairgeau, Beurré de Paris, Beurré Giffard et toutes espèces de ce genre.

Chaque année, on taillera la tige vers la moitié de la jeune pousse, et les branches de côté de un à trois boutons selon leur vigueur, et ainsi de suite jusqu'à complète formation.

La colonne (fig. 45) une fois formée pourra avoir de trois à quatre mètres de hauteur et de 0^m60 à 0^m80 de diamètre, selon la qualité du terrain.

Du Pommier

Pommiers en cordons. — Cette forme est très avantageuse; il faut planter les sujets contre les plates-bandes de pourtour, à 0^m20 de l'allée et 2^m environ l'un de l'autre lorsque l'on plante des sujets greffés sur Paradis, et à 3m ceux greffés sur Doucin ; on aura soin de tourner la greffe sur la ligne suivant laquelle doit se diriger le pommier.

Le Doucin se plante dans les terrains sableux, secs et profonds ; un an après la plantation, on le recèpe à 0m08 ou 0m10 au-dessus du fil de fer sur lequel on doit le courber, afin de former sa courbure sans le casser. Puis chaque année, au fur et à mesure que ses pousses s'allongeront, on le palissera sur le fil de fer, en ayant soin de toujours maintenir son prolongement relevé, quelle que soit la saison, et cela jusqu'à complète formation.

Pour les sujets sur Paradis, on plante dans un terrain frais et de bonne qualité. Ils ne sont pas soumis au recepage. Pour établir les cordons (fig. 46) on courbe

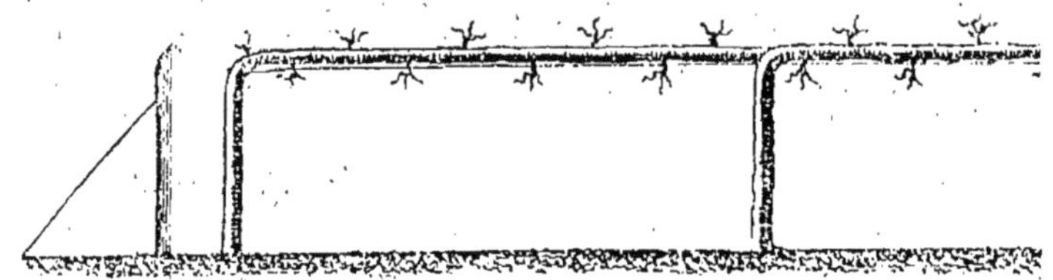

Figure 46. Pommiers en cordons.

la tige dans l'année même de sa plantation, vers le mois de juillet ; à cette époque, les boutons ont grossi et sont presque tous à fruit, si ce n'est l'extrémité qui aura poussé d'environ 0m10 à 0m15 ; en l'abaissant (fig. 46), il faudra relever soigneusement l'extrémité pour faciliter l'allongement ; la taille et le pincement se font absolument comme pour le poirier; cependant le pommier donne beaucoup de bourgeons composés de rosettes de feuilles, qui forment à leur base ce que j'appelle des rides; toutes tailles faites sur ces rides forment des parties fruitières ; c'est un procédé qui réussit toujours.

Framboisier

Dans notre contrée, le framboisier se plante beaucoup en plein champ, à une distance de 1^{m} entre chaque rang et de 0^{m}70 entre chaque pied du même rang. La plantation se fait en février ou mars ; à ce moment on choisira de bons plants, en prenant soin de ne pas éborgner les boutons de la base, lesquels sont destinés à fournir les rameaux de remplacement. Quant à la tige, on la taillera à 0^{m}50 lors de la plantation. Un an après, on trouvera beaucoup de rameaux; on en choisira trois que l'on taillera à 0^{m}70 environ, dans le but de leur faire donnner du fruit.

Ébourgeonnement. — Au printemps suivant, il est nécessaire de choisir quatre bourgeons seulement sur la quantité, ordinairement très grande dans le framboisier, bien qu'au moment de l'hiver on n'en laisse que trois; le quatrième est conservé en cas d'accident. Chaque année, les mêmes soins sont à donner pour ce genre de plantation. Dans le jardin fruitier-potager, on plante le framboisier dans la plate-bande de pourtour exposée au Nord; on lui donne 1^{m} entre les rangs et 0^{m}75 entre les pieds du même rang. Pour obtenir de bons résultats de fructification, il sera préférable d'abaisser tous les rameaux sur des fils de fer placés à cet effet, mais d'un côté seulement. Si l'on plante le frambroisier dans un grand carré, il faudra planter les rangs à 1^{m}50 et les pieds à 0^{m}75; dans ce cas on palisse sur deux fils de fer, tendus parallèlement aux lignes et à 0^{m}50 du pied, puis on taille les quatre rameaux à 0^{m}80; on les palisse ensuite sur le fil de fer (fig. 47). Comme le rameau du framboisier ne fructifie qu'une fois et qu'il dessèche ensuite, on le supprimera chaque année après sa fructification, au moment de la taille. Au printemps beaucoup de nouveaux bourgeons viendront remplacer ceux qui sont palissés; cinq de ces nouveaux bourgeons seront conservés pour ne garder que quatre rameaux : à la taille d'hiver, il faut toujours plus de bourgeons que de rameaux, afin de pouvoir choisir ceux que l'on veut garder.

Quant aux variétés, on devra choisir de préférence les espèces remontantes. Chaque année, à l'automne,

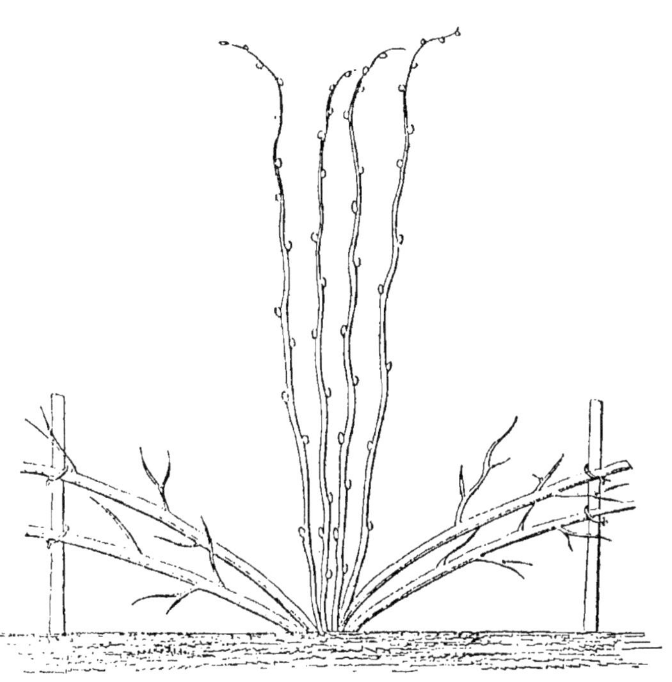

Figure 47. Framboisier. II.

on devra fumer convenablement, en faisant un labour superficiel et en ayant soin de détruire les rameaux qui s'écartent des lignes ; pendant l'été, leur donner également tous les binages qui sont nécessaires. C'est à tort qu'on place les framboisiers sous les arbres ; ils poussent quelquefois, mais sans donner de fruits.

Il est également préférable de consacrer la plate-bande du Nord à la culture spéciale du framboisier et de ne pas mettre de cordons de pommiers de ce côté.

CHAPITRE III

Jardin fruitier

On trouve peu de jardins entièrement fruitiers en Anjou; cependant il serait préférable que tout un terrain fût consacré en plantations fruitières. Dans ce cas, on emploie le défoncement général, tel qu'il est indiqué pour le jardin fruitier-potager, page 51. On lui donne également la même forme, avec cette différence que les carrés C seront plantés d'arbres, au lieu de servir à cultiver des légumes.

Plantation. — Lorsque l'on plante un jardin fruitier, chaque forme doit être placée par carré.

Les pyramides seront plantées à 3m les unes des autres, avec un intervalle de 4m entre les lignes, afin de pouvoir y passer les échelles lors des opérations des tailles d'hiver et d'été; les colonnes à 1m50, avec un intervalle de 2m entre les lignes.

Ces deux formes seront traitées tel qu'il est indiqué pour le jardin fruitier-potager.

Quant aux formes en vases qui se plantent spécialement dans le jardin fruitier, on leur donnera les mêmes distances qu'aux pyramides.

Recepage. — Pour la forme en vase, qu'on ait affaire à un poirier ou à un pommier, on recèpe l'arbre à 0^{m}40 de la greffe pour en obtenir cinq premiers bourgeons.

Ébourgeonnement. — Au printemps, au moment du développement, on choisit les cinq premiers bourgeons les mieux placés et on les dirige sur cinq baguettes fixées d'avance sur un cercle (fig. 48).

Première taille, deuxième année. — Lors de la première taille, les cinq rameaux que représente la figure ci-contre seront taillés à 0^{m}40 de leur naissance, sur deux boutons de côté, afin de les faire bifurquer et en obtenir dix branches, en ayant soin, pendant l'été qui suivra l'opération, d'élargir le cercle sur lequel on fixe le nombre des baguettes nécessaires.

Deuxième taille, troisième année. — Les dix branches seront taillées à 0^{m}40 au-dessus du point de leur naissance pour les faire bifurquer à nouveau et en obtenir vingt branches. Pendant le cours de la végétation, il faudra pincer sévèrement tous les bourgeons qui se développeront au centre du vase, afin de forcer la sève vers l'extrémité des autres bourgeons.

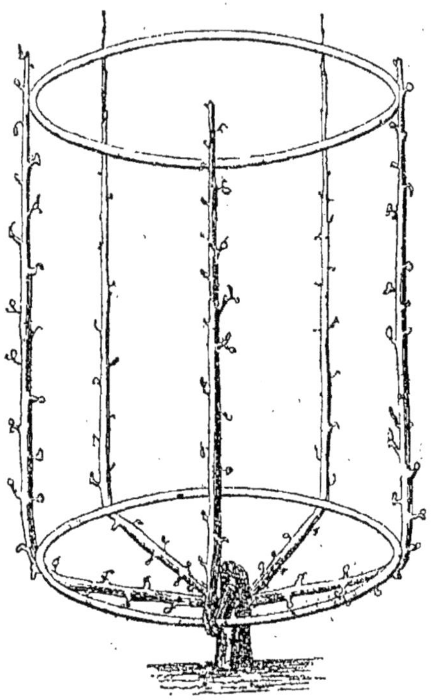

Figure 48. Forme en vase. II.

Troisième taille, quatrième année. — Au moment de la troisième taille, les vingt branches seront obtenues et devront former le vase, avec une largeur de 2^m de diamètre et un peu plus de 6^m de circonférence, ce qui donnera 0^m30 d'intervalle entre chacune des branches qui, à ce moment, seront relevées dans la position verticale qu'elles devront occuper. On les taillera le moins possible, afin d'avoir assez de longueur pour leur faire décrire convenablement la courbe voulue ; puis, chaque année suivante, il faudra tailler les prolongements vers la moitié de leur pousse ; et cela jusqu'à la complète formation du vase qui atteint 2^m de hauteur. Arrivé à cette hauteur, généralement l'arbre est parti à fruit, et pour cette cause sa vigueur est ralentie ; on donnera alors un ou deux boutons d'allongement à chacune des branches.

Quand on fera la troisième taille dont je parle plus haut, il faudra supprimer tous les rameaux placés au centre du vase; ces rameaux qui, pendant la végétation, avaient été pincés sévèrement, ne doivent plus exister, la sève devant se rendre directement dans les parties verticales.

CHAPITRE IV

Du verger

Le verger est d'une grande utilité ; il est destiné à recevoir tous les arbres de grandes dimensions qui ne doivent pas être soumis à la taille raisonnée.

Le verger n'exige pas un terrain de première qualité. Ce qui lui convient le mieux cependant, c'est un sol de consistance moyenne et exempt d'humidité, sans être desséché. Il faut éviter de le placer dans le voisinage des cours d'eau et des marécages, les brumes qui s'en exhalent nuisant toujours aux arbres.

Préparation du sol. — Il n'est pas toujours nécessaire de faire dans le verger un défoncement général ; le plus souvent on se contente d'un défoncement par tranchées, larges de 2 à 3^{m} selon la nature du sol et celle des arbres ; lorsque le sol est sec et pierreux, il faudra défoncer les lignes de plantation à $0^{m}80$ ou 1^{m} de profondeur ; si le sol est de bonne consistance, $0^{m}70$ suffiront. Chaque ligne sera espacée de 8^{m} environ l'une de l'autre, et les arbres seront distancés de 6^{m} sur chaque ligne. Autant que possible, il faut toujours placer les arbres par rang de taille. Si le terrain est légèrement en pente, ce qui est préférable, on plantera en commençant par les lignes du haut et dans l'ordre suivant : abricotiers, pêchers, pruniers, cerisiers et poiriers; par suite de cet arrangement, ces derniers se trouveront dans le bas à l'endroit le plus frais. Si toutefois le verger était assez grand, on pourrait y établir des pommiers et des variétés de cerisiers de plus grandes dimensions, en espaçant les lignes à 15^{m} et les arbres à 10^{m}.

Mode de plantation. — On plante les vergers en carrés et en quinconces. La plantation en carrés est la plus employée, mais celle en quinconces est bien préférable.

Quant aux noyers et châtaigners, qui doivent être distancés à 15 ou 20^{m} les uns des autres, je conseille de les planter de préférence en avenue; c'est ainsi qu'ils prospèrent le mieux et gênent le moins. (Voir pages 162 et 168 pour la nomenclature des différentes variétés à mettre dans le verger). Quel que soit le mode de plantation, avenue ou verger, il sera toujours nécessaire de faire un bon défoncement, comme je l'ai indiqué plus haut; si le sous-sol était médiocre, comme on le rencontre généralement partout, il faudrait employer le moyen indiqué pour le jardin fruitier-potager, c'est-à-dire qu'on prendra à droite et à gauche des tranchées, autant de terre de la surface du terrain qu'il sera nécessaire, et on rejettera à la place la terre du sous-sol en égale quantité. Tous les arbres plantés dans le verger étant à une hauteur de 2m, devront recevoir, dès leur plantation, chacun un tuteur, auquel ils seront attachés jusqu'à ce qu'ils puissent se supporter eux-mêmes. On devra se procurer ces tuteurs pour le moment de la plantation et commencer par les placer en ligne avant les arbres; les tuteurs ainsi placés, on plantera les arbres contre eux. Ce procédé est le meilleur, car souvent, en plaçant le tuteur le dernier, on endommage les racines de l'arbre. On aura soin de n'attacher les arbres que provisoirement, et attendre pour les attacher complètement que le tassement des terres se soit produit; autrement les arbres se trouveraient suspendus par les attaches, et l'effet en serait très mauvais.

On devra, au moment de la mise en place, pratiquer l'habillage des racines; on ajoutera également en plantant, beaucoup de terreau, qu'on mélangera au terrain, en ayant soin de secouer les arbres pour en faciliter le passage entre les racines.

Soins à donner aux arbres du verger. — Tous les arbres à fruits à noyaux seront taillés à 0m20 de la greffe, dès l'année de la plantation; ceux à fruits à pépins ne seront taillés qu'un an après la plantation.

Je suppose un arbre tige n'ayant qu'une greffe (fig. 49). Cette greffe sera taillée à 0^m20 au trait indiqué par la figure 49.

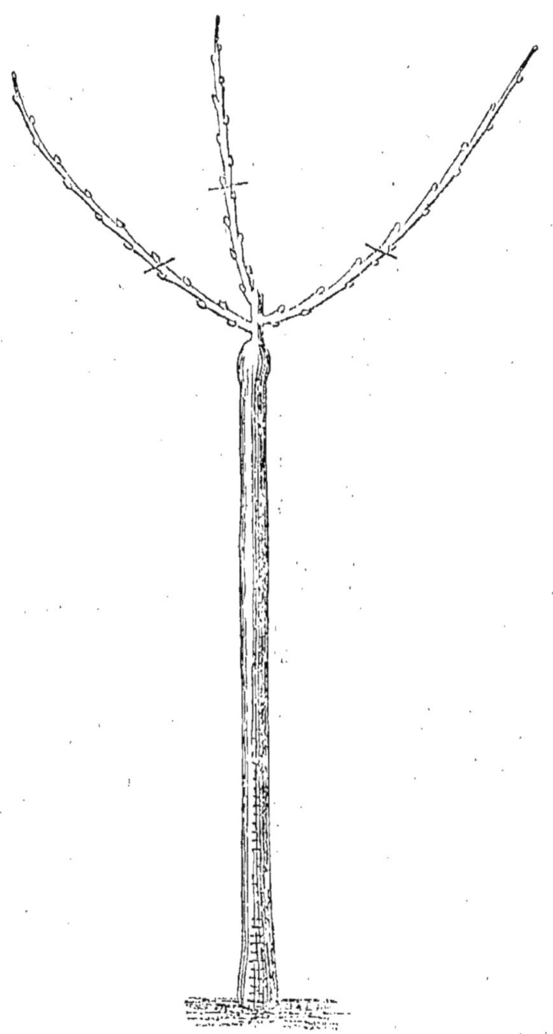

Figure 49. Première année. II.

La seconde année, cette tige possédera six rameaux (fig. 50) qui, la troisième année, seront taillés à $0^{m}25$

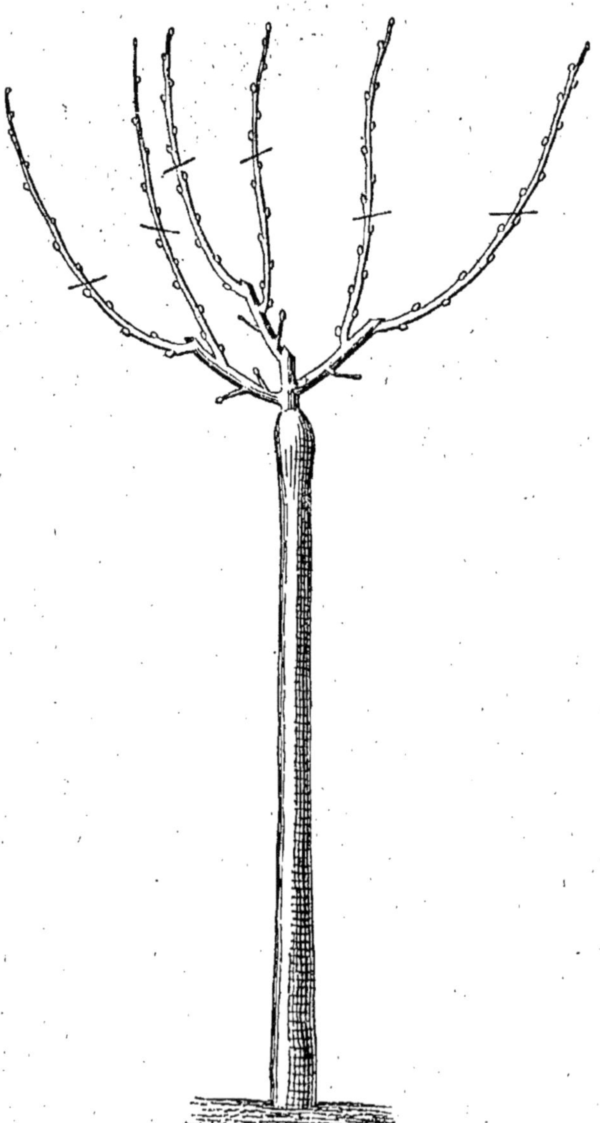

Figure 50. Deuxième année. II

environ de leur base, et donneront naissance à douze rameaux qui seront laissés intacts et formeront alors une tête d'oranger (fig. 51). Après cette troisième taille, il n'y aura plus lieu de pratiquer de taille régulière, à moins que ce ne soit pour couper quelques branches qui se développeraient plus vigoureusement que les autres, et qui auraient tendance à prendre plus de sève ; dans ce cas, on fait un rognage sur celles-là seulement. Plus tard, lorsque l'arbre vieillit, il est nécessaire d'éclaircir les branches qui font confusion, afin d'y faire circuler la lumière plus facilement et d'avoir par ce moyen davantage de fruits.

Garant pour les arbres du verger et des avenues. — Il est de toute nécessité d'entourer les arbres d'une cage en fer ou en bois, pour les protéger contre les animaux. Si on ne voulait pas faire la dépense de ces cages, il faudrait tout au moins faire un garant avec des épines que l'on fixerait sur l'arbre au moyen de quelques attaches en osier.

Cultures propres au verger. — Ordinairement le verger sert à la culture des gros légumes, tels que les choux, carottes, betteraves, voire même à celle des artichauts. Ces cultures donnent lieu à des labours fréquents qui sont utiles aux arbres. Si, au contraire, le verger était simplement laissé comme pâture, il

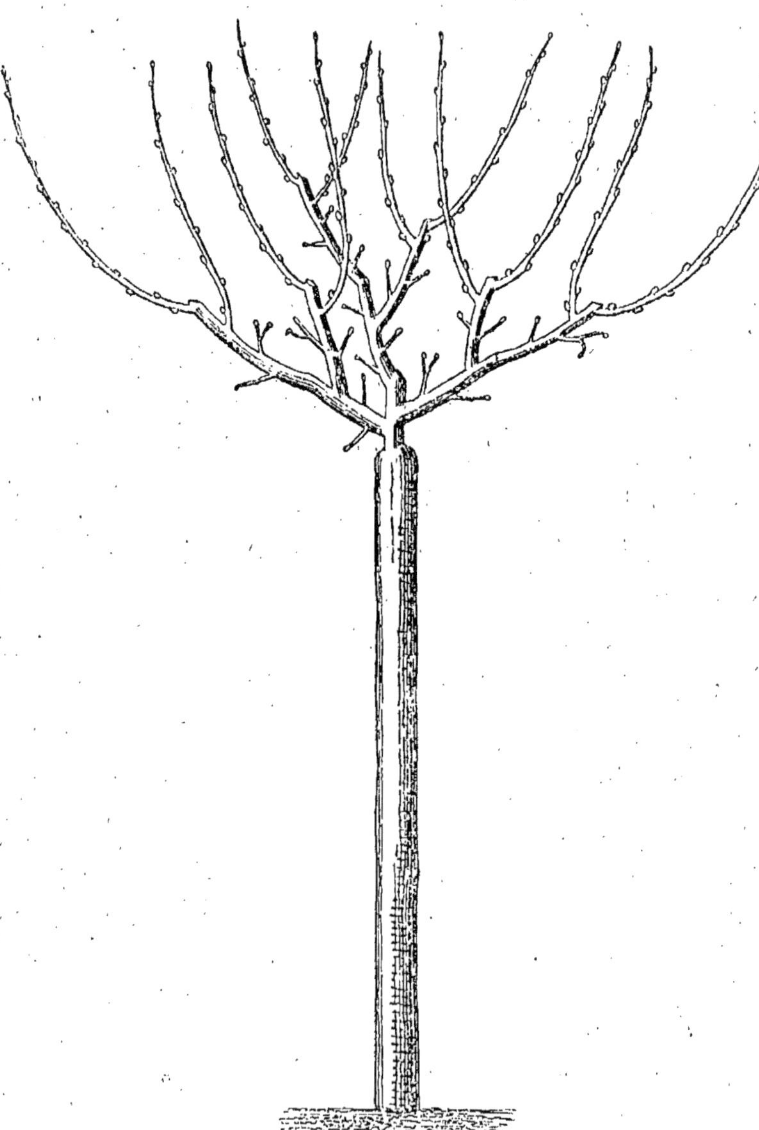

Figure 51. Troisième année. II.

faudrait, chaque année, à l'automne, faire un bon labour autour de chaque arbre en fumant convenablement, et faire des binages pendant le printemps et l'été, afin d'y entretenir la terre très meuble. Ces soins sont particulièrement utiles pour les pommiers plantés dans les prairies; pour ces arbres, j'estime même qu'il n'est jamais pris assez de précautions lors de la plantation; que cette dernière soit faite dans une prairie ou dans un champ, on ne devrait jamais planter autrement que par tranchées, et le faire de la manière suivante : faire défoncer à 0m70 de profondeur sur une largeur de 3m, ne prendre qu'à 0m35 la surface de terre de la tranchée, et prendre également la surface de la terre à 1m50 de largeur de chaque côté de la tranchée, puis reprendre 0m35 du sous-sol de la tranchée pour compenser la terre prise de chaque côté; cette manœuvre de terre est très bonne et assure la reprise et la végétation des arbres. Agir autrement, c'est perdre les arbres et le temps, car toute plantation de pommier faite par fosse ou sur les fossés, comme on a l'habitude de le faire, ne réussit que très peu, et même pas du tout.

Afin de faciliter les plantations de pommiers qui sont de plus en plus nécessaires, j'ai cru rendre service aux planteurs en leur mettant sous les yeux les espèces servant à faire du cidre et les espèces à fruit à couteau.

Nota. — Pour les soins à donner à tous les arbres tiges en général, je prie le lecteur de se reporter à l'enseignement donné pour les arbres tiges dans le verger, page 148.

CHAPITRE V

On possède encore plusieurs variétés d'arbres qui se plantent également dans les vergers ou dans les champs; je crois utile de les citer par ordre alphabétique.

Amandier (*Amydalus communis*).

L'amandier commun est originaire de l'Asie et du Nord de l'Afrique ; c'est généralement le seul que l'on cultive. Il exige un terrain calcaire et une exposition chaude et abritée; les sols compacts et humides ne lui conviennent nullement.

L'amandier commun a produit un certain nombre de variétés qu'on partage en deux groupes principaux : les amandiers à fruits doux et les amandiers à fruits amers.

Les variétés les plus cultivées sont les suivantes :

Coque tendre, fruit gros, oblong, à coque très tendre ; le plus estimé.

Coque tendre tardif, fruit gros, oblong, coque très tendre, fertile.

Commun, à coque dure, fruit moyen, oblong, doux, très fertile.

Fruits amers (à) fruit moyen, coque dure, amer.

Fruits longs (à) fruit moyen, coque dure, doux.

Princesse (synonyme sultane), fruit ovale, doux, excellent.

Très gros fruits plats (à) fruit très gros, coque demi-dure, doux.

L'amandier commun sert également de porte-greffes à toutes les espèces ci-dessus désignées.

Abricotier (*Armeniaca vulgaris*).

L'abricotier se greffe ordinairement sur prunier ; il redoute surtout les sols humides et doit se planter de préférence à tige et en plein vent. Cependant lorsque le terrain est exposé aux vents froids, il est utile d'en mettre quelques-uns en espalier.

Les abricotiers mis en plein vent, à haute tige, demandent à être taillés sur toutes les parties fortes, de façon à bien arrondir les têtes ; il faut aussi ne jamais laisser de bois mort à l'intérieur des tiges.

Les meilleures espèces sont :

Alberge de Tours, fruit petit, première qualité, très fertile, maturité commencement d'août.

Alexandrie, fruit moyen, maturité fin juin, fertile.

Commun, fruit moyen, deuxième qualité, maturité fin juillet, fertile.

Pêche de Nancy, fruit gros, première qualité, maturité juillet et août, la meilleure variété sous notre climat.

Royal, fruit petit, première qualité, très fertile.

Précoce, fruit petit, deuxième qualité, maturité fin juin, très fertile.

Cerisier (*Cerasus avium*).

Tous les terrains, à l'exception de ceux trop humides ou trop argileux, conviennent au cerisier.

Les cerisiers plantés dans les vergers ne sont ordinairement pas taillés ; on se contente d'enlever chaque année le bois mort, ou bien encore les branches qui font confusion.

Le cerisier pour plein vent, à haute tige, se greffe sur le mérisier commun ; celui pour pyramide ou pour espalier se greffe sur Saint-Lucy, qui est un sujet moins vigoureux.

Le genre cerisier peut se diviser en quatre groupes bien distincts : les Bigarreautiers, les Cerisiers, les Griottes et les Guignes.

Les Bigarreautiers sont des arbres vigoureux, à gros bois, généralement peu ramifiés, et à large feuillage. Je ne signalerai pour chacun de ces groupes que les plus recommandables :

Bigarreau commun, maturité 2e quinzaine de juin.
— *Elton*, maturité 2e quinzaine de juin.
— *Esperen*, maturité juillet et août.
— *Napoléon*, maturité 2e quinzaine de juin.
— *noir* (*gros*), 2e quinzaine de juin.

Les cerisiers proprement dits sont moins vigoureux que les bigarreautiers ; ils se soumettent facilement à la taille et à toutes les formes en espalier, et se divisent en deux groupes différents.

1° Les cerises douces ou anglaises, 2° les cerises aigres, auxquelles se rattachent les Montmorency.

Les meilleures variétés de cerises proprement dites sont :

Belle de Choisy, maturité courant juin.
De Planchaury, maturité juillet et août.
Impératrice Eugénie, maturité 1re quinzaine de juin.
Montmorency courte queue, maturité juillet et août.
Reine Hortense, maturité juillet et août.
Royale hâtive (*anglaise*), maturité 1re quinzaine de juin.
— *tardive*, maturité 2e quinzaine de juin.

Les griottes ont beaucoup de rapport avec les cerisiers, mais leurs fruits sont moins estimés ; ils sont acides et peu recherchés comme fruits de table. Ils sont surtout utilisés par les liquoristes et les confiseurs. On en cultive seulement quelques variétés, ce sont :

La Griotte commune, maturité juillet et août.

— *courte queue*, rouge noire à chair tendre, maturité en juillet.

La Griotte du Portugal, maturité juillet et août.

— *du Nord*, maturité juillet et août.

Cette variété est surnommée griotte à eau-de-vie ; son fruit est gros, rouge foncé, à chair demi-ferme, vineuse, très fertile.

Guignes

Les guigniers ont le port des merisiers et des bigarreautiers, mais leurs fruits sont à chair molle, douce, et ils sont généralement précoces.

Les variétés donnant les plus beaux fruits sont les suivantes :

Guigne Belle d'Orléans, maturité 2e quinzaine de mai.

— *Beauté de l'Ohio*, maturité 1re quinzaine de juin.

— *De Lamaurie*, maturité 2e quinzaine de mai.

— *noire hâtive*, maturité fin de mai.

— *précoce de Tarascon*, maturité 2e quinzaine de juin.

Guigne sucrée de Léon Leclerc, maturité 1re quinzaine de juin.

Variétés pour pyramides et espaliers. — Beaucoup de variétés peuvent se cultiver en espalier. Cependant les espèces suivantes sont préférables pour être soumises à ces différentes formes.

Bigarreau commun, Cerise Impératrice Eugénie, Montmorency, De Planchaury, Reine Hortense, Royale hâtive (anglaise), Griotte commune, Griotte courte queue, Guigne Belle d'Orléans, Beauté de l'Ohio, Guigne noire et Précoce de Tarascon.

Les variétés pour conserves et confitures sont la griotte du Nord et la cerise Montmorency, courte queue.

Châtaignier (*Castanea vexa*).

Le châtaignier, dans sa culture comme arbre fruitier, joue un rôle très important dans l'alimentation. Cet arbre aime un terrain meuble et profond ; l'exposition qu'il préfère est celle au nord ; il atteint un développement considérable et doit être planté en avenue, à 15 mètres au moins de distance entre les pieds.

Les variétés les plus recommandables sont :

Marron doré de Lyon, fruit gros et arrondi, jaune doré, 1re qualité.

Marron de Craon, fruit gros, aplati, 1re qualité.

— *du Lude, ou Nouzillard*, fruit moyen 1re qualité.

Verte du Limousin, fruit gros, se conservant longtemps.

Cormier (*Sorbus domestica*).

Le cormier préfère les terrains siliceux, un peu frais ; il croît également dans les sols pierreux ; ses fruits donnent une boisson agréable.

Deux variétés seulement sont cultivées en Anjou, le *cormier à fruits rouges*, fruit gros et arrondi, et le *cormier à fruits gris*, fruit gros et oblong.

Cognassier (*Cydonia communis*).

Cet arbre s'accommode de tous les terrains, pourvu qu'ils ne soient pas trop secs, et de toutes les expositions. Il n'exige aucune préparation spéciale ; généralement on l'élève à tige.

Les fruits, dans le cognassier, naissent à l'extrémité des petites brindilles de l'année précédente.

Les variétés sont peu nombreuses ; les plus connues sont :

Le Cognassier d'Angers, fruit gros, 1re qualité et très fertile.

Le Cognassier du Portugal, fruit très gros, 1re qualité.

Deux nouvelles variétés d'origine américaine, et que l'on dit supérieures en beauté et en qualité à celles déjà connues, sont en ce moment cultivées en

Anjou, ce sont le cognassier *Champion* et le *Réa's Mammouth*.

Framboisier (*Rubus idæus*).

Le Framboisier vient partout; mais quoique peu délicat, il préfère une terre légère, graveleuse et fraîche. L'exposition au nord lui est favorable; cependant il ne faut pas le planter trop à l'ombre des arbres, comme certains planteurs le font, car il préfère le grand air à l'ombrage trop épais.

Pour la plantation et la taille des framboisiers voir page 141.

Les variétés les plus répandues dans le commerce comme fruits rouges sont : *Belle de Palluau*, dont le fruit est excellent; *Falstoff*, fruit très gros, très fertile; *Merveille des quatre saisons*, belle et bonne; *Superbe d'Angleterre*, fruit gros de deuxième qualité; *Surpasse Falstoff*, fruit très gros, très fertile.

Variétés à fruits jaunes :

Blanc à gros fruit, fruit gros, deuxième qualité.

Jaune d'Anvers, fruit gros, première qualité.

Merveille des quatre saisons, blanc, fruit rond, très bonne.

Surprise d'automne, fruit gros, première qualité.

Figuier (*Ficus carica*)

Le figuier, bien qu'un peu délicat pour notre contrée, y donne cependant de très beaux fruits. Les espèces que l'on rencontre le plus souvent en Anjou sont les suivantes :

Blanche des deux saisons, *de Kennedy*, *Madeleine*, *noire d'Ischia*, *rouge de Provence*

Autant que possible, dans la contrée de l'Ouest, on tient à placer le figuier dans un endroit frais pour les racines, tout en ayant soin que cette exposition soit chaude en été, afin d'avoir une bonne maturation. Le figuier appartient surtout au climat du midi ; sa culture s'étend jusque sous le climat de Paris, mais là il faut l'abriter contre les froids de l'hiver.

A Argenteuil, où le figuier est cultivé en cépée avec beaucoup de succès, on a soin de le coucher dès la mi-novembre dans de grandes fosses, et de recouvrir de terre toutes les branches de la cépée afin de les protéger contre les gelées; puis, vers le mois de mars lorsque les gelées ne sont plus à craindre, on relève ces cépées pour les remettre à l'air et à la lumière.

Groseillier à grappes (*Ribes rubrum*)

Tous les groseilliers, quelle qu'en soit la variété, redoutent à la fois la grande chaleur et les terrains trop humides. Le groseillier se prête à toutes les formes, soit en vases, soit en cordons verticaux ou contre espalier ; il donne toujours de très beaux fruits ; règle générale : quelle que soit la forme que l'on donnera, les branches mères et sous-mères seront distancées à 0m20 l'une de l'autre, et les arbres se planteront en plein carré à 2m de distance en tous sens.

Dans le groseillier, on remarque deux principales sortes de rameaux ; le rameau proprement dit et le rameau bouquet ; le pincement des bourgeons en été et la taille dans l'allongement des rameaux en hiver ont pour but de préparer ces petits rameaux bouquets.

Les variétés à grappes les plus cultivées sont :

Dans les fruits rouges :

Belle de Saint-Gilles, grain gros, grappe longue, première qualité.

Chenonceaux, grain très gros, grappe grosse, très fertile.

De Hollande, à longue grappe, grain gros, très belle.

Fertile d'Angers, grain gros, grappe longue.

Impériale rouge, grain gros, grappe longue.

Versaillaise, grain gros, grappe longue, très fertile.

Variétés à fruits blancs :

Grosse blanche de Boulogne, grain gros, grappe longue.

Grosse blanche transparente, grain gros, grappe longue.

Impériale blanche, grain gros, grappe longue.

Variétés à fruits noirs ou cassis :

Cassis à fruits noirs, grains gros, grappe courte, première qualité.

Cassis Baldwins, très gros, très fertile.

— *à gros fruit noir*, grain très gros, grappe longue.

Cassis Royal de Naples, grain moyen, première qualité.

Groseillier épineux (*Ribes uva crispa*)

Ce genre se plante aux mêmes distances et reçoit les mêmes formes et les mêmes tailles que les groseilliers à grappes.

Variétés à fruits blancs :

Fulder, fruit moyen, à peau lisse.

Governess, fruit gros, à peau lisse.

Smyling Beauty, fruit gros, à peau lisse.

Variétés à fruits rouges :

Conqueror, fruit très gros, à peau hérissée.

Golden Crown, fruit gros, à peau lisse.

Océan, fruit moyen, à peau hérissée.

Peace Maker, fruit gros, à peau hérissée.

Whinham industry, fruit gros, rouge brun.

Variétés à fruits jaunes :

Britannia, fruit très gros, à peau duveteuse.
Delight, fruit moyen, à peau lisse.
Ewotoone, fruit gros, à peau lisse.
Yellow Lion, fruit moyen, à peau duveteuse

Néflier (*Mespilus germanica*)

Le néflier est un arbre qui, une fois planté, est presque toujours abandonné à lui-même jusqu'à la récolte de ses fruits; cependant, comme tous les arbres qui ne sont pas soumis à une taille régulière, il a besoin d'être dégagé des branches intérieures qui obstruent l'air et qui nuisent au développement du fruit.

Trois variétés sont recommandables :

Le néflier à gros fruits, le néflier à fruits monstrueux et le néflier à fruits sans noyaux.

Noyer (*Juglans regia*)

Cet arbre est très précieux, tant par la richesse de son bois très recherché par les ébénistes, que par son fruit excellent et dont on tire une huile très estimée ; il aime une terre calcaire et profonde. En le dirigeant dans son premier âge, il peut atteindre de 8 à 10^{m}

sans branches ; on le plante en avenue et en observant les mêmes distances que pour le châtaignier.

Les variétés les plus répandues sont les suivantes :

Commun, synonyme *Ordinaire*, fruit moyen, le plus productif.

Coque tendre (à), synonyme *Noix Mésange*, fruit moyen, à coque très tendre.

Fertile, synonyme *Præparturiens*, fruit arrondi, se reproduit par semis et fructifie promptement.

Très gros fruit (à), synonyme *Noix à Bijoux*, remarquable par la grosseur de ses fruits.

Pêcher (*Persica vulgaris*)

Le pêcher est l'un des arbres les plus estimés parmi les arbres fruitiers ; le parfum et la suavité de ses fruits le font rechercher dans toutes les contrées où il peut produire.

Il se cultive de préférence en espalier à l'exposition à l'Est ou au Midi, mais il préfère l'Est.

Pour les terrains calcaires, il doit être greffé sur amandier ou sur pêcher ; dans les terres humides et fortes, sur prunier. A part quelques espèces qui sont : la Sanguine, l'Admirable jaune et le Brugnon blanc, il ne prospère en plein vent qu'autant qu'il est de semis ou greffé sur lui-même. Dans ces conditions il donne beaucoup de fruits excellents. Seulement il a besoin d'être bien taillé dès son jeune âge, et on doit lui faire subir un rapprochement tous les quatre ou cinq ans, afin de lui renouveler ses productions fruitières, car celles-ci sont souvent sujettes à la brime et aux gelées printanières. Ce rapprochement doit se faire fin mai ou commencement de juin, afin que les nouveaux bourgeons ne reçoivent aucune fatigue lors de leur développement.

Quant aux formes à donner, il faut se reporter à la deuxième division, où toutes les formes sont traitées l'une après l'autre.

Le genre pêcher se divise en quatre groupes bien distincts :

1° Le *Pêcher proprement dit*, à peau duveteuse et à chair non adhérente au noyau.

2° *Le Pavier*, à peau duveteuse et à chair adhérente au noyau.

3° *Le Brugnonier*, à peau lisse, à chair adhérente au noyau.

4° *Le Nectarinier*, à peau lisse, à chair non adhérente au noyau.

Variétés de pêches proprement dites. — A cette catégorie, se rattache la plus grande partie des variétés du genre pêcher cultivées dans notre région. Elles mûrissent mieux que les pavies et ont plus de saveur que les brugnons et les nectarines; leur chair est plus fondante et plus juteuse.

Je me contenterai de citer les variétés les plus recommandables.

(Les mois, portés à la fin de chaque désignation, indiquent l'époque de la maturité.)

Admirable jaune, synonyme *pêche d'orange*, à chair jaune fondante, fruit gros, première qualité, fin septembre.

Alexandra Noblesse, fruit gros, chair fondante, septembre.

Alexis Lepère, fruit gros, rouge vif marbré rouge foncé, à chair blanche, juteuse sucrée, mi-septembre.

Amsden, synonyme *pêche de juin*, fruit moyen, rouge, chair blanche, juteuse, très fertile, très précoce, juin.

Baron Dufour, fruit très gros, pourpre carminé, chair fine et juteuse, mi-août, très fertile.

Belle Beauce, fruit gros, jaune carminé, à chair blanche, fin août.

Belle de Vitry, fruit gros, rouge pâle, à chair verdâtre, septembre.

Bourdine, fruit gros, rouge, fin août.

Chancelière, fruit gros, vert lavé de rouge, à chair verdâtre, septembre.

Chevreuse hâtive, fruit gros, rouge, à chair blanchâtre, fin août.

Early Béatrix, fruit moyen, blanc, coloré de pourpre, mi-juillet.

Early Rivers, fruit gros, jaune paille, à chair fondante, mi-juillet.

Galande ou noire de Montreuil, fruit gros, pourpre violet, à chair blanche, très fertile, fin août.

Lady Palmerston, fruit gros, jaune verdâtre, chair jaune pâle.

Lord Palmerston, fruit très gros, blanc rosé, chair ferme, septembre.

Madeleine rouge de Courson, synonyme *Grosse Madeleine*, fruit gros, rouge, à chair d'un blanc verdâtre, août.

Marquise de Brissac, fruit très gros, jaune verdâtre, fin septembre.

Mignonne (Grosse), fruit très gros, jaune rouge, à chair blanche, très fondante, excellente et très fertile.

Noblesse, fruit gros, vert pâle, à chair blanche, juteuse, septembre.

Noyau de Montbriant, fruit très gros, rouge, à chair blanche, août-septembre.

Pourprée du Grand Jardin, fruit gros, rouge, à chair blanche, septembre.

Précoce de Crawford, fruit gros, jaune vif, à chair jaune, sucré, très fertile, août.

Reine des vergers ou Monstrueuse de Doué, fruit très gros, à chair blanche, l'une des meilleures pêches et la plus belle, fin août.

Sanguine, fruit moyen, rouge violet, à chair striée de rose, septembre.

Salway, fruit très gros, jaune d'or, à chair jaune vif, sucrée, octobre.

Superbe de Choisy, fruit très gros, très coloré, chair blanche, fin septembre.

Susquehanna, fruit très gros jaune lavé de pourpre, à chair d'un jaune d'or, superbe variété, mi-septembre.

Teton de Vénus, fruit gros, jaune pâle lavé de rouge, à chair blanche et fine, excellente, fin septembre

Vineuse de Fromentin, fruit gros, à chair blanchâtre, fin août.

Variétés d'origine américaine. — Ces variétés sont recommandables par leur précocité. Elles mûrissent en mai et juin ; on en compte huit variétés principales :

Alexander, *Amsden*, *Conkling*, *Cumberland*, *Downing*, *Musser*, *Waterloo* et *Wilder*.

Variétés de pêches dites Pavies. — Les Pavies sont à peau duveteuse comme les pêches proprement dites, mais le noyau est complètement adhérent à la chair. Elles sont surtout cultivées dans le Midi de la France où elles mûrissent convenablement, et sont l'objet d'un grand commerce pour la confiserie.

Les Pavies se reproduisent assez bien par semis,

sous notre climat, où elles réussissent moins bien que dans le Midi ; on ne cultive que les espèces les plus hâtives, ce sont :

Pavie de Bordeaux, fruit gros, jaune d'or, chair jaune, août.

Pavie de Pamiers, fruit très gros, blanc grisâtre, chair jaune, septembre.

Pavie de Pomponne, fruit très gros, blanc rosé, la plus grosse, mi-septembre.

Pavie Jaune, fruit moyen, jaune rouge, fin août.

— *Newington*, fruit gros, jaune clair, chair blanche, septembre.

Variétés de pêches dites Brugnons. — Autrefois on cultivait indistinctement, sous le nom de Brugnons, toutes les pêches à peau lisse ; une seule, aujourd'hui, est propagée dans les pépinières, c'est le *Brugnon violet*, musqué, fruit moyen, rouge violacé, à chair jaunâtre, première qualité ; sa peau est lisse et sa chair adhérente au noyau ; maturité, septembre.

Variétés de pêches dites Nectarines. — Les Nectarines sont encore comprises dans bien des catalogues sous la dénomination générale de Brugnon. Extérieurement elles diffèrent de ces derniers, uniquement en ce que la chair n'est pas adhérente au noyau, mais elles leur sont en général de qualité très supérieure.

Les Nectarines ont été très améliorées par les Anglais dans ces dernières années ; ils en cultivent un grand nombre de variétés. Nul doute que la plus grande partie ne réussisse très bien chez nous. Aussi tout fait espérer qu'elles seront appréciées des amateurs de fruits à l'égal des pêches, auxquelles elles ne le cèdent en rien.

Nectarine blanche, synonyme *Brugnon blanc*, fruit moyen, chair blanche, fondante, fin août.

Nectarine Elruge, grosse, fruit très gros, violet, à chair fondante, fin août.

Nectarine jaune, fruit petit, jaune d'or, chair jaune, très fertile, septembre.

Nectarine lord Napier, fruit gros, chair jaune, très fertile, septembre.

Orange Rivers, fruit assez gros, à chair jaune, fondante, septembre.

Orange Prince de Galles, fruit gros, vert jaunâtre, chair fine, septembre.

Orange Victoria, fruit moyen, cramoisi, à chair verdâtre, sucrée, fin septembre.

Orange Violette hâtive, fruit moyen, chair blanche, août.

Liste des meilleures variétés de pêches et des plus convenables pour espalier :

Admirable jaune, septembre-octobre.

Alexander, juin.

Amsden, juin.
Baron Dufour, août.
Belle Beauce, août.
Brugnon Violet, octobre.
Chevreuse hâtive, août.
— *tardive*, septembre-octobre.
Early Béatrix, juillet.
Galande, août.
Grosse Mignonne, septembre.
Madeleine de Courson, août.
Marquise de Brissac, octobre.
Nectarine Elruge, août.
— *Lord Napier*, août.
— *Victoria*, mi-septembre.
Noblesse, septembre.
Noyau de Montbriant, septembre.
Pavie de Pomponne, mi-septembre.
Pourprée du Grand Jardin, septembre.
— *tardive*, septembre-octobre.
Reine des Vergers, août.
Royale, octobre.
Susquehanna, mi-septembre.
Teton de Vénus, septembre-octobre.

Variétés pour hautes tiges en plein vent :

Admirable jaune, Belle Beauce, Chevreuse hâtive, Grosse Mignonne, Madeleine de Courson, Nectarine jaune, Pourprée hâtive, Pourprée tardive. Reine des Vergers, Royale, Sanguine, Susquehanna.

Pour la culture forcée, on peut aussi prendre les variétés suivantes :

Amsden, Alexander, Early Rivers, Grosse Mignonne, Madeleine de Courson, Nectarine Lord Napier, Nectarine violette hâtive, Noblesse.

Poirier (*Pyrus communis*).

Le poirier se cultive : 1° à haute tige ou plein vent, pour les vergers et la culture en plein champ ; dans ce cas, il doit être greffé de préférence sur franc. 2° En pyramide, fuseau, colonne ou espalier dans les potagers ; pour ces diverses formes, et dans les terres de bonne consistance, on le greffe sur le cognassier. Pour les terrains très secs et profonds, on le greffe sur franc.

La nature du sol doit donc guider pour le choix des arbres.

Variétés à planter en espalier ou contre-espalier :

AU NORD	A L'OUEST
André Desportes.	*Beurré Bachelier.*
Beurré Giffard.	*Bonne Louise.*
— *d'Amanlis.*	*De Tongres.*
— *de l'Assomption.*	*Doyenné du Comice.*
William.	*Catillac.*
	Colmar d'Aremberg.

A L'EST

Beurré Royal.
— superfin.
Doyenné d'Alençon.
Duchesse d'Angoulême.
Triomphe de Jodoigne.

AU MIDI

Bergamotte Esperen.
Beurré d'Aremberg.
— Rans.
Belle Angevine.
Crassanne.
Doyenné d'hiver.
Passe-Colmar.

Variétés de poires à cuire ou à compotes :

Angélique de Bordeaux, Belle Angevine, Besi d'Héry, Besi des Vétérans, Bon Chrétien d'hiver, Catillac, De Livre, Gilles ô Gilles, Martin Sec, Rousselet de Reims.

Variétés cultivées à haute tige,

André Desportes, Bergamotte Esperen, Beurré d'Amanlis, Beurré Defays, Beurré royal, Beurré d'Aremberg, Beurré superfin, Curé, Doyenné du Comice, Duchesse d'Angoulême, Figue d'Alençon, Fondante des bois, Graslin, Président Drouard, Soldat Laboureur, Suzette de Bavay, Triomphe de Jodoigne, William.

Liste des meilleures variétés de poires pour pyramide ou colonne, par époque de maturité :

André Desportes, juillet-août.
Bergamotte Crassanne, novembre-décembre.
— *Esperen*, janvier-mars.
Beurré Bachelier, novembre-décembre.
— *Clairgeau*, novembre-décembre.

Beurré de l'Assomption, juillet-août.
— *Diel ou Royal*, octobre-novembre.
— *d'Amanlis*, août-septembre.
— *Giffard*, juillet-août.
— *Six*, octobre-novembre.
Bonne d'Ezée, octobre-novembre.
— *de Malines*, octobre-novembre.
— *Louise d'Avranches*, septembre.
Citron des Carmes, juillet.
Clapp's favorite, juillet-août.
Doyenné d'été, juillet-août.
— *d'Alençon*, janvier-mars.
— *du Comice*, novembre.
— *Flon aîné*, janvier-mars.
— *Sterckmans*, octobre-novembre.
Duchesse d'Angoulême, septembre-novembre.
— *de Bordeaux*, janvier-mars.
Fondante des Bois, octobre-novembre.
Joséphine de Malines, novembre-décembre.
Maréchal de Cour, octobre-novembre.
Nouveau Poiteau, octobre-novembre.
Nouvelle Fulvie, janvier-mars.
Passe-Colmar, novembre-décembre.
Président Drouard, janvier-mars.
Saint-Germain, novembre-décembre.
Soldat Laboureur, octobre-novembre.
Triomphe de Jodoigne, janvier-mars.

De Tongres, septembre.
Verte Longue, septembre.
William, juillet-août.

Pommier (*Malus communis*)

Le pommier est un arbre presque aussi important que le poirier ; ses fruits mûrissent à des époques très variées ; aussi, plus que jamais, les plantations augmentent-elles dans notre contrée. Quant aux sujets sur lesquels on greffe les pommiers, ils sont au nombre de trois ; le franc, le doucin et le paradis. Pour les hautes tiges ou plein vent, destinés à la plantation des vergers et des champs, on les greffe sur pommier franc. Pour les formes en vases ou bien encore pour les terrains secs et profonds, on les greffe sur doucin. Pour les cordons horizontaux et pour un terrain de bonne qualité on les greffe sur paradis. Voir page 139, pour les plantations et pour les soins à donner aux variétés soumises à la taille, ainsi que pour les formes à leur donner.

Les pommiers forment deux catégories bien distinctes ; les pommiers à fruits à couteau et les pommiers à fruits à cidre. Je citerai seulement les principales variétés de chaque catégorie.

Fruits à couteau :

Api rose, fruit petit, à chair croquante, janvier à mai.

— *noir*, fruit petit, à chair tendre, décembre à avril.

Belle d'Angers ou Belle Angevine, fruit gros, à chair tendre, novembre à février.

Belle de Longué, fruit gros et souvent très gros ; peau colorée de jaune et fortement teintée de rouge du côté du soleil ; chair blanche assez ferme ; (nouvelle variété) arbres très vigoureux et très fertiles, maturité novembre à mars.

Belle des Bois, fruit très gros, à chair tendre, décembre à mars.

Belle fille Normande, fruit très gros, à chair tendre, septembre-octobre.

Bonne Auture ou *Bonne Holture*, fruit moyen, exquis, novembre à février.

Calville Barré, fruit gros, à chair blanche, janvier à juin.

Calville des Femmes, fruit très gros, à chair ferme, janvier à juin.

Calville rose, fruit moyen, à chair fine, octobre à février.

— *rouge d'hiver* ou *Calville rouge d'Anjou*, à chair, tendre, novembre à avril.

Calville rouge d'été, fruit moyen, à chair très tendre, juillet-août.

Calville Saint-Sauveur, fruit très gros, à chair tendre, pomme très belle, octobre-décembre.

Cœur de Bœuf, fruit gros, à chair demi-ferme, décembre à mars.

Court pendu gris, fruit moyen, peau rugueuse jaune, novembre à avril.

De Jaune, fruit moyen, très fertile, février à juin.

Doux d'Argent, fruit moyen, à chair fine, octobre à février.

Fenouillet anisé, fruit moyen, chair croquante, décembre à mars.

Grand Alexandre, fruit très gros, à chair tendre, septembre-octobre.

Gros Locard, fruit gros, à chair excellente, pomme à cuire, novembre à février.

Impériale, fruit moyen, à chair tendre, très fertile, décembre à mars.

Ménagère, fruit très gros, à chair ferme, décembre à mars.

Patte de Loup, fruit moyen, à chair ferme, très fertile, janvier à avril.

Rambourg d'hiver, fruit très gros, à chair tendre, novembre à mars.

Reinette d'Angleterre, très gros, à chair tendre, la plus belle des pommes, novembre à mars.

Reinette de Bretagne, fruit moyen, à chair fine, novembre à février.

Reinette d'Anjou, fruit gros, à chair demi-tendre, novembre à mars.

Reinette de Caux, fruit gros, à chair ferme, très fertile, octobre à avril.

Reinette franche, fruit moyen, à chair ferme, croquante, décembre à mai.

Reinette grise, fruit moyen, à chair ferme, décembre à mai.

Reinette pépin, fruit moyen, à chair tendre, janvier à avril.

Reinette Thouin, fruit moyen, à chair fine, variété très recommandable, février à juin.

Reine des Reinettes, fruit moyen, à chair blanche, décembre à mars.

Toutes les formes conviennent à ces variétés.

Fruits à cidre

Il y a quelques années seulement, la culture du pommier à cidre ne se faisait que dans un petit nombre de départements de l'ouest et du nord de la France.

Mais depuis que le phylloxéra a ravagé une partie de nos vignobles, beaucoup de propriétaires des pays dévastés ont essayé la culture du pommier à cidre. Il réussit assez bien en le plantant dans les terrains frais de notre contrée ; je crois que cette culture est appelée à prendre un grand développement d'ici peu d'années ; aussi ai-je pris le soin de réunir ici toutes les variétés les plus recommandables et qui se cultivent sur une grande échelle dans les pépinières de l'Anjou.

Dans les espèces douces, il y a :

Le *Gros doux, Bedan, Belle de Saugé* et *Fertile de Falaise*.

Espèces amères :

Doux amer, Généreuse de Vitry, Rouge bruyère, Fréquin rouge, Fréquin blanc, Noir de Vitry et *Aigrefeuille.*

A part les variétés ci-dessus, on peut encore citer :

Aigrain noir de Doué, Aigrain bouteille, Fréquin de Chartres et *Joli-Bois,*

Prunier (*Prunus sativa*)

Presque toutes les variétés de pruniers doivent être élevées à tige et cultivées dans le verger, sauf les *Reine Claude* et les *Mirabelles*, qui peuvent être mises en espalier.

Les variétés les plus recherchées de notre contrée sont les suivantes :

Dame Aubert, jaune, fruit très gros, ovoïde jaune, à chair jaunâtre, septembre.

D'Agen, fruit moyen, allongé, rouge violet, fin août.

Descaisne, fruit très gros, oblong arrondi, vert, fin août.

De Montfort, fruit gros, ovoïde, violet foncé, sucré, fin juillet.

Des Béjonnières, fruit moyen à chair jaune, très fertile, août.

Jaune hâtive, fruit moyen, ovoïde, variété précoce, mi-juillet.

Mirabelle la grosse, fruit moyen, arrondi, jaune, septembre.

Mirabelle la petite, fruit petit, fertilité extraordinaire, mi-août.

Mirabelle précoce, fruit petit, jaune, très fertile, juillet.

Monsieur, fruit gros, arrondi, violet noir, juillet.

Monsieur à fruit jaune, fruit gros, arrondi, jaune, sucré, août.

Perdrigon blanc, fruit moyen, jaune d'or, septembre.

Quetsche d'Allemagne, jaune verdâtre, très fertile, septembre.

Reine Claude ou *Abricot vert*, fruit gros, vert, ponctué de rose du côté du soleil, la meilleure des espèces cultivées jusqu'à ce jour, août.

Reine Claude de Bavay, fruit gros, arrondi, à chair jaunâtre, une des meilleures prunes tardives, septembre.

Reine Claude d'Oullins, précoce, fruit très gros, de couleur jaune verdâtre, fin juillet.

Reine Claude violette, fruit arrondi, violet, juteux, sucré, septembre.

Sainte Catherine, fruit moyen, jaune, très bon pour cuire, septembre.

Vigne (*Vitis vinifera*)

Les raisins de table, pour arriver à une complète maturité et avoir toutes les qualités qu'ils possèdent dans le Midi, doivent être cultivés en espalier. Les raisins exigent une exposition d'autant plus chaude qu'ils sont plus tardifs.

Voici les espèces que je plante et que je recommande :

Angers noir hâtif, grappe moyenne, grains écartés, noirs, août.

Blanc d'ambre, grappe grosse, grains gros, écartés, blancs, fin août.

Chasselas blanc royal, grappe grosse, gros grains, écartés, blancs, septembre.

Chasselas commun d'Angers, grappe moyenne, blancs, septembre.

Chasselas de Florence, grappe grosse, grains gros, écartés, blancs, fin août.

Chasselas de Fontainebleau, grappe grosse, grains écartés, qualité supérieure, mûrit à toute exposition, août.

Chasselas royal rose, grappe grosse, grains écartés, roses, fin août.

Chasselas Vibert, grappe grosse, grains très gros, blancs, août.

Cornichon blanc, grappe courte, grains allongés, écartés, blancs, fin septembre.

Frankental, grappe grosse, grains gros, serrés, noirs, le plus beau de tous les raisins noirs, fin septembre.

Froc Laboulaye, grappe grosse, grains très écartés, blancs, fin août.

Madeleine blanche, grappe grosse, grains écartés, septembre.

Madeleine royale, grappe moyenne, grains moyens, très fertile, août.

Muscat blanc commun, grappe moyenne, grains serrés, blancs, octobre.

Muscat d'Alexandrie, grappe grosse, grains gros, peu serrés, jaunes, une des plus belles variétés de muscats, octobre.

Muscat fleur d'oranger ou *Tokay musqué*, blanc, septembre-octobre.

Muscat Frontignan blanc, grappe moyenne, grains serrés, blancs, fin septembre.

Muscat Frontignan noir, grappe petite, grains demi-serrés, noirs, septembre.

Muscat hâtif de Saumur ou *Précoce de Courtiller*, grappe moyenne, grains moyens, écartés, blancs, le plus hâtif de tous les muscats et le meilleur, mi-août.

Muscat Ottonel, grappe grosse, grains moyens, peu serrés, blancs, septembre.

Ouilliade ou *Ulliade*, grappe grosse, grains gros, écartés, noirs, raisin parfait, mais demandant une exposition au Midi, mi-octobre.

Panse jaune, grappe grosse, grains gros, écartés, jaunes, raisin remarquablement beau et bon, demande une exposition très chaude pour mûrir fin septembre.

Précoce de Hongrie, grains petits, serrés, noirs, août.

CHAPITRE VI

Des différentes greffes les plus usitées pour les arbres fruitiers

La greffe est une opération qui consiste à unir une portion vivante d'un végétal, qu'on nomme *greffon*, à un autre végétal que l'on nomme *sujet*.

L'art de greffer a pour but de remplacer le tronc ou seulement les branches d'un arbre par un autre rameau, le greffon.

Une des principales conditions pour la réussite de cette opération, est donc de faire coïncider les vaisseaux séveux du sujet avec ceux du greffon ; il suffit pour cela de mettre en contact les couches d'aubier et du liber du sujet et du greffon.

Une autre condition également essentielle à remplir, c'est de faire en sorte qu'il y ait une analogie suffisante entre le sujet et le greffon. On ne pourra donc greffer l'une sur l'autre que des variétés de la même espèce ou des espèces du même genre. Ainsi toutes les espèces de pommiers peuvent se greffer l'une sur l'autre ; il en est de même de toutes les espèces de poiriers, de pruniers, de pêchers, et en général de toutes les plantes très rapprochées l'une de l'autre par leurs caractères botaniques.

Les principales greffes employées en arboriculture sont la greffe *en fente double*, la greffe *en fente ou en biseau*, la greffe *en fente anglaise*, la greffe *en écusson*, la greffe *de côté Girardin* et la greffe *par approche.*

La greffe en fente double (fig. 52) doit être préférée lorsque la grosseur du sujet permet de l'employer, car ayant deux greffons on aura plus de chance de réussir.

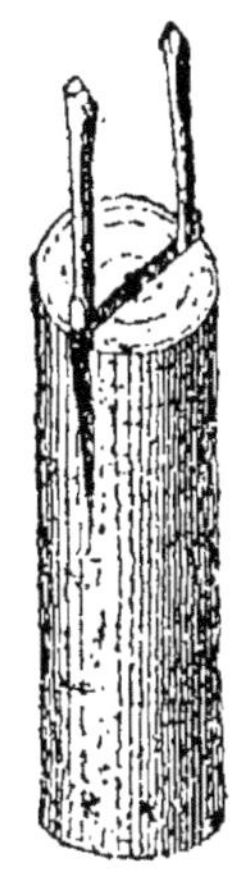

Figure 52.
Greffe en fente double. O.

Le rameau, qui doit servir de greffon, doit avoir une longueur de deux à trois boutons selon la longueur du mérithalle ; le sommet de ce rameau est toujours terminé par un bouton. On taille la base en lame de couteau sur une longueur de 0^m03 environ, en commençant cette entaille à la hauteur du bouton de la base du rameau. Le greffon ainsi préparé, on coupe horizontalement la tête du sujet ; puis avec une serpette on unit la plaie, et avec cette même serpette on pratique une fente verticale passant à peu près par le centre du sujet et descendant à $0^{m}06$ environ ; à l'aide d'un petit coin en bois on maintient la fente entr'ouverte pour y placer le greffon, en raccordant les passages séveux de ce dernier avec ceux du sujet, de telle sorte que le liber du greffon et celui du sujet soient en contact sur un point de leur étendue. Enfin, on recouvre les plaies, y compris le sommet tronqué du greffon. Je me sers habituellement de mastic à greffer de M. Lhomme-Lefort, de Paris-Belleville.

Si toutefois le sujet greffé ne pressait pas naturellement le greffon, il faudrait le ligaturer afin que ce dernier ne se dérange pas.

La greffe en fente Bertemboise ou à biseau (fig. 53) se fait lorsque le sujet n'est pas assez volumineux pour porter deux greffons.

On coupe le sujet en biseau, en gardant à son sommet une petite surface horizontale, puis on place le greffon au sommet du biseau en opérant comme dans le cas précédent.

La greffe en fente anglaise (fig. 54) consiste à couper la tête du sujet B en biseau très allongé ; on répète la même opération sur la base du greffon A ; puis on pratique un cran vers le tiers supérieur de la plaie, et on fait un autre cran sur la base du greffon

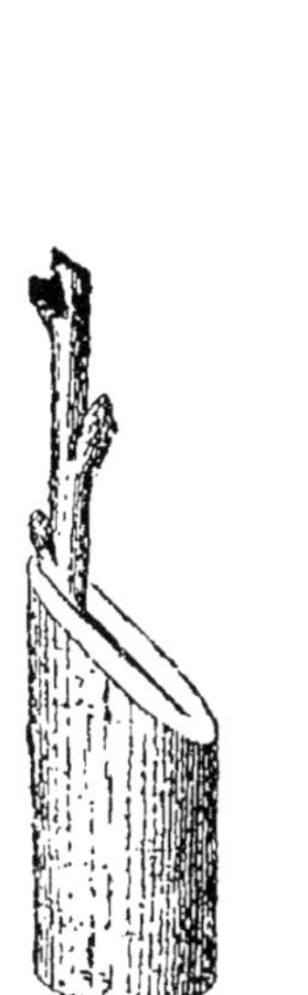

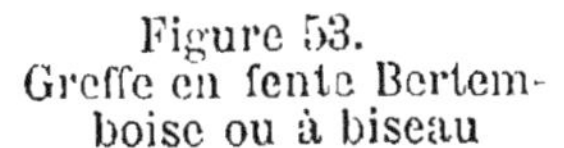

Figure 53.
Greffe en fente Bertemboise ou à biseau

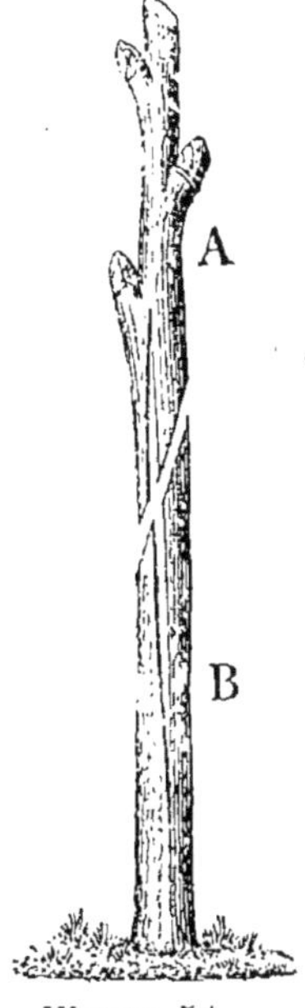

Figure 54.
Greffe en fente anglaise

Figure 55.
Greffon

en sens inverse ; on agrafe ensuite les deux esquilles ensemble, de façon que les plaies se recouvrent l'une l'autre et que les écorces se joignent parfaitement. Quand il arrive que le sujet est plus gros que le greffon, il faut veiller que les écorces se raccordent bien sur l'un des côtés. Cette greffe est l'une des meilleures, non seulement pour les arbres fruitiers, mais c'est elle aussi qui convient le mieux pour greffer nos vignes sur les cépages américains, auxquels il faudra avoir recours bientôt pour greffer tous nos raisins de table.

La greffe en écusson (fig. 56) se fait sur le côté de l'arbre ; on donne ce nom d'écusson à une plaque d'écorce longue de $0^{m}03$ environ ; cette greffe s'emploie particulièrement sur les jeunes sujets de pépinières ayant un an ou deux ; elle s'emploie aussi sur les jeunes branches des arbres fruitiers, lorsque celles-ci ont des vides à combler.

La greffe en écusson ne peut être pratiquée que lorsque les arbres sont en sève, afin que l'écorce du sujet puisse être détachée facilement de l'aubier. On peut écussonner depuis mai jusqu'à septembre, selon la nature des arbres et leur végétation.

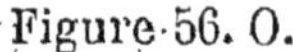

Figure 56. O.

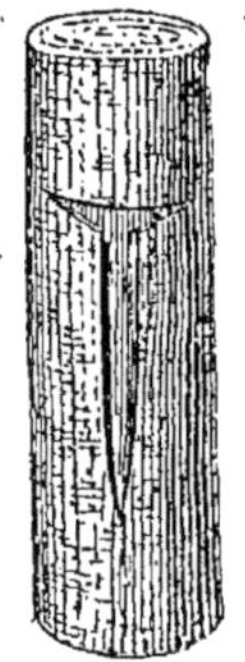

Figure 57. O.

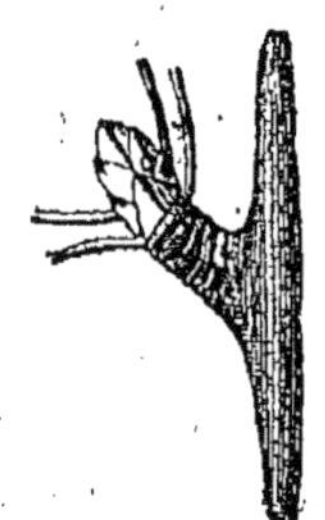

Figure 58. O.

Pour prendre les écussons, on choisit de préférence des bourgeons pourvus d'yeux bien constitués à l'aisselle des feuilles, de manière à obtenir un écusson semblable à celui de la figure 56. Le point important, en levant l'écusson, c'est de ne pas attaquer l'œil. Ensuite on pratique sur le sujet une incision en forme de T (fig. 57), puis à l'aide de la spatule du greffoir on introduit l'écusson sous l'écorce, et on le ligature ensuite, soit avec du raphia soit avec du coton, selon la nature des arbres. En plaçant cette ligature, il faut avoir soin de ne pas couvrir l'œil de l'écusson ; celui-ci doit être serré convenablement au-dessus et au-dessous, mais jamais sur l'œil même.

La greffe de côté Girardin (fig. 58) est très avantageuse pour combler les vides sur les branches sous-mères d'une forme pyramide ou d'une autre forme en espalier ou contre espalier.

Cette sorte de greffe se pratique particulièrement sur le poirier, vers le mois d'août. A ce moment on choisit des boutons à fruits sur l'arbre même où les opérations devront être faites, et cela aux endroits où les boutons sont nombreux. On enlève alors un fort bouton à fruit semblable à celui de la figure 58, d'une longueur de 0^{m}03 environ, puis on pratique sur la branche qui doit recevoir la greffe une incision en forme de T, semblable à celle pratiquée pour la greffe en écusson ; on place la greffe et on ligature ensuite de la même manière que pour l'écusson.

La greffe par approche se fait en été ou en hiver; mais la saison d'été est préférable. Elle se pratique sur tous les arbres soumis à la taille et sert également à combler les vides. En été on choisit un bourgeon qui puisse se diriger du côté du vide. A cette saison, cette greffe s'appelle *greffe herbacée*. On enlève l'écorce du sujet et de la greffe sur une longueur égale de 0^{m}03 à 0^{m}04 environ et sur une largeur proportionnelle à la grosseur du bourgeon, de manière qu'en appliquant celui-ci sur le sujet, il ne reste plus de vide ; une fois le bourgeon bien appliqué, on ligature comme pour l'écusson.

Soins à donner aux greffes lors de leur développement

Au printemps, lorsque les greffes donnent naissance aux bourgeons, il faut accoler ceux-ci sur de petites baguettes disposées à cet effet, afin que les vents et même les oiseaux ne les fassent pas éclater.

CHAPITRE VII

Principes généraux de la taille des arbres

Les principes généraux sont nombreux ; tous les soins donnés aux arbres fruitiers font partie des principes généraux. Je tiens cependant à en citer quelques-uns ; ce sont : la taille, l'équilibre, donner de l'air à une branche lorsqu'elle en est privée, au contraire retirer l'air à une branche qui dominerait une autre branche, surtout lorsque celle-ci est opposée à une faible et sur un arbre en palmette ; allonger une partie faible afin de lui faire acquérir de la force ; raccourcir les branches fortes pour en atténuer la vigueur ; relever une branche faible pour la faire grossir ; abaisser une branche forte pour en ralentir le grossissement ; laisser beaucoup de fruits sur la partie forte et en retirer sur la partie faible ; tailler tard tous les arbres vigoureux pour en atténuer la vigueur ; au contraire tailler sitôt la chute des feuilles tous les arbres de moyenne vigueur afin qu'il n'y ait pas chez ceux-ci une déperdition de sève.

Parmi les principes généraux de la taille, je dois classer l'opération à faire sur les bourses du poirier (fig. 59). Ces bourses contiennent une multitude d'yeux visibles ou latents, destinés à devenir des boutons à fruits ; il faut chaque année rafraichir cette bourse de C en C (fig. 59).

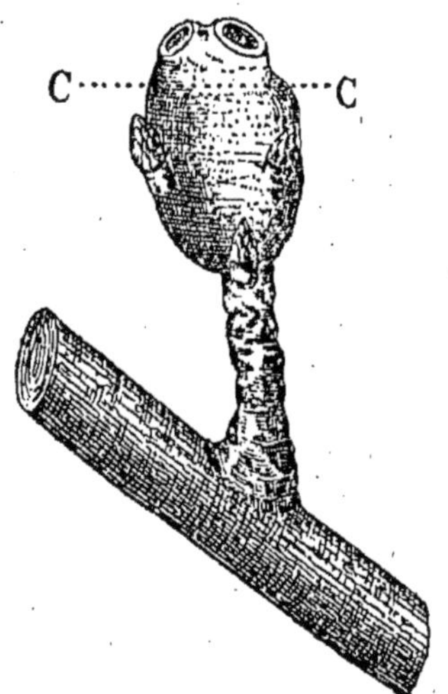

Figure 59. Bourse du Poirier

TROISIÈME PARTIE

CHAPITRE PREMIER

Maladies des arbres fruitiers

MALADIES DU POIRIER

Les maladies du poirier sont souvent déterminées par les intempéries, et aussi par la mauvaise qualité du sol.

Une des maladies nuisant le plus au poirier est certainement le *chancre*. Cette maladie se remarque à la superficie des branches ou de la tige, et finit souvent par en gagner le contour entier. Il faut, pour empêcher le mal, nettoyer la plaie dès son apparition en grattant jusqu'au bois vif avec une serpette, et la recouvrir avec du mastic à greffer ; si, au contraire, le contour de la branche est entièrement pris, le plus simple est de couper la branche au-dessous de la partie malade. Lorsqu'un arbre est complètement pris par le chancre, il vaut mieux le remplacer.

Le chancre vient à la suite d'un coup de soleil, de meurtrissures, et aussi de la grêle ou d'un changement brusque de température.

LA JAUNISSE OU CHLOROSE

La *jaunisse*, que l'on rencontre fréquemment dans le poirier, est une affection qui se reconnaît à la couleur jaune plus ou moins prononcée que prennent les feuilles et les jeunes bourgeons. Elle a pour cause l'état maladif des racines, lesquelles s'étendent dans un sol qui ne leur convient pas, ou bien encore souffrent d'un excès d'humidité et quelquefois même de sécheresse. Le moyen de remédier au mal est d'arroser les feuilles du sujet malade avec un mélange d'eau et de sulfate de fer ; au début de la végétation, on emploie ce mélange à raison d'un gramme de sulfate de fer par litre d'eau, et de deux grammes par litre lorsque les feuilles ont durci. Il suffit de répéter ce traitement plusieurs fois, à quelques jours d'intervalle, pour guérir l'arbre, lorsque celui-ci n'est pas fatigué ; autrement si la cause principale tient à l'état du sol, il faudrait améliorer ce dernier par les engrais ou bien le remplacer pour replanter ensuite.

LA MOUSSE

La *mousse* qui recouvre souvent l'écorce des arbres est très nuisible par elle-même ; de plus elle abrite une foule d'insectes nuisibles. Pour en débarrasser le poirier, il suffit d'en laver la tige, au moyen d'une seringue, avec un lait de chaux vive.

L'opération se fait très vite ; elle doit se pratiquer sitôt la taille faite et par un temps sec. L'arbre ainsi opéré est très vite débarrassé de la mousse et des insectes qui d'ordinaire s'abritent sous les écorces; les écorces mêmes, étant à l'air, reprennent une meilleure couleur et un aspect plus vigoureux.

Je conseille de faire cette opération tous les deux ans, ou tout au moins chaque fois que la mousse apparaît.

LA BRULURE

Jusqu'ici on n'a pas encore pu se rendre bien compte de la *brûlure* qui se produit sur certains arbres; cependant il est à remarquer que plus les arbres sont plantés près des cours d'eau ou près des endroits marécageux, plus cet effet se produit. Pour moi, la cause est la suivante : plus le terrain est froid, plus aussi la végétation est retardée; or, lorsque la saison avancée réchauffe le terrain, ces arbres, qui tout d'abord ont été retardés, entrent brusquement en végétation, les bourgeons poussent en s'étiolant au lieu d'acquérir une bonne constitution; alors le soleil brûle forcément ces bourgeons mal constitués.

Dès qu'on s'aperçoit que le bourgeon se flétrit, on pratique la taille en vert, en se rapprochant sur un œil au-dessous de la partie brûlée; cet œil en se développant continuera l'allongement des branches ou de la tige.

INSECTES NUISIBLES DU POIRIER

Parmi les insectes qui nuisent au poirier, le hanneton commun est un des plus redoutables; d'abord il dépouille les arbres de leurs feuilles; ensuite ses larves, connues sous le nom de vers blancs ou de turcs, rongent les racines des arbres et les font périr. Le mal le plus grand se trouve certainement dans les jeunes plantations où ces insectes dévorent complètement les écorces tendres. Aussi je conseille de planter des laitues et des chicorées dans les plates-bandes des arbres fruitiers; les vers blancs sont friands de ces salades; c'est là à peu près le seul remède pratique pour éloigner le ver blanc d'une jeune plantation. Quant aux vieux arbres, il est bon de prendre les mêmes précautions; mais ceux-ci supportent mieux ces avaries que les jeunes. Le meilleur de tous les remèdes est de faire la chasse aux hannetons pour ne pas avoir de vers blancs.

PUCERONS

Ces insectes, les uns verts et les autres noirs, s'attaquent aux jeunes feuilles et aux bourgeons. Il est utile de les détruire sitôt leur apparition. Pour s'en débarrasser, il suffit de préparer un mélange de neuf litres d'eau et un litre de jus de tabac, avec lequel on seringue les arbres une ou deux fois selon le besoin, jusqu'à la destruction complète des pucerons.

Ce seringage se fait ordinairement dans la soirée, à mesure que le soleil perd sa force. Le lendemain matin, il est utile de faire un seringage à l'eau claire pour laver les gouttelettes de jus de tabac qui restent agglomérées sur les feuilles, car ces gouttelettes, si elles restaient, détermineraient la brûlure des feuilles.

TIGRE

Le *tigre* est certainement l'un des insectes le plus difficile à détruire. C'est une sorte de petite punaise d'un gris noir, qui ronge la face inférieure des feuilles, à un tel point qu'elles finissent par se dessécher. Dès son apparition, on peut aussi le combattre par le jus de tabac à même dose que pour le puceron. Mais pour le détruire plus sûrement, il faut en hiver faire des badigeonnages ou des seringages de lait de chaux sur les branches et les coursons, voire même sur les murs.

FOURMIS

La *fourmi* se tient ordinairement sur les feuilles où se trouvent des pucerons ; en détruisant ces derniers, les fourmis se tiendront peu sur les arbres. Cependant lorsqu'elles y viennent, il faut également les chasser avec le jus de tabac à la dose d'un litre pour quatre litres d'eau.

LA TENTHRÈDE LIMACE

La *tenthrède*, appelée par les pépiniéristes du nom vulgaire de sangsue, s'attache à la face supérieure des feuilles du poirier, de juillet en octobre. Là, elle ronge le parenchyme des feuilles en laissant intactes les nervures et la face opposée. Jusqu'à présent, en fait de remède, le meilleur est de saupoudrer les feuilles avec de la chaux vive.

KERMÈS

Le *kermès* est petit, en forme de coquille ; il s'attache par véritables couches sur la tige et les branches du poirier. En hiver, il faut avoir soin de le faire tomber avec une brosse et de faire sur l'arbre un badigeonnage à la chaux.

ANTHONOME DU POIRIER (*Anthonomus pyri*)

Cet anthonome est une espèce de charançon de couleur ferrugineuse noirâtre ; les naturalistes ne sont pas tous d'accord sur ses habitudes.

« M. Dubreuil, dans son traité d'arboriculture, dit « que la femelle perce avec son long bec, en mars, les « boutons à fleurs de poirier et y dépose un œuf qui « éclot au bout de huit à dix jours. Aucun bouton « ainsi attaqué ne s'épanouit ; il noircit et se des- « sèche. La larve subit toutes ses métamorphoses « dans le bouton et en sort en mai à l'état d'insecte « parfait.

« Il paraît vivre pendant une année, en restant « engourdi pendant l'hiver dans les anfractuosités de « l'écorce. Il se réveille en mars pour procéder à la « fécondation. »

D'autres naturalistes, au contraire, disent que cet insecte dépose ses œufs dans le bouton à fruit, dès l'automne.

Le seul moyen pratique et sûr pour détruire l'anthonome est d'enlever et de brûler en avril tous les boutons attaqués ; de plus, tous les ans, il est utile de faire un badigeonnage ou seringage au lait de chaux sur les arbres susceptibles d'avoir l'anthonome. Ce traitement obtient du succès s'il est fait courant de février ou de mars, selon que le temps est plus ou moins doux. En se servant pour cette opération d'un pulvérisateur, on peut atteindre des arbres assez élevés, et répandre le liquide sur toutes les branches. Pour que ce lait de chaux soit d'un facile emploi, on prend soin de bien faire dissoudre la chaux.

Parmi les insectes nuisibles du poirier, il faut encore citer deux espèces de chenilles, contre lesquelles on ne peut jamais prendre trop de précautions pour arriver à les détruire.

La première est la chenille du Bombyx livrée (*Bombyx neustria*) qui vit sur tous nos arbres fruitiers et les dépouille complètement de leurs feuilles. Le papillon femelle dépose ses œufs, sous forme d'anneaux, autour des petits rameaux des arbres. Ces sortes de bracelets ont parfois 0^m03 de largeur et se composent d'une grande quantité d'œufs qui éclosent au printemps. Lors de la taille d'hiver, il faut enlever ces bracelets d'œufs ; si toutefois il en restait, il faudrait, dès le printemps, détruire les nichées de chenilles que l'on trouve sur les branches.

La deuxième est la chenille du Bombyx chrysorrhée (*Bombyx chrysorrhœa*). La femelle dépose ses œufs à la fin de juillet sur les feuilles, à l'extrémité des bourgeons des arbres fruitiers. Ces œufs éclosent aux premiers jours de septembre. Les insectes qui en naissent enveloppent alors quelques feuilles d'une toile de soie et s'y tiennent abrités pendant tout l'hiver. Sitôt que l'on aperçoit ces nids, il faut les détruire, sinon au printemps les chenilles dévoreront les arbres fruitiers en peu de temps. Cette espèce de chenille est la plus commune et la plus redoutable pour nos arbres fruitiers.

LA PIQURE DES FRUITS

Il existe une troisième chenille également nuisible dans le poirier ainsi que dans le pommier, c'est le *pyrale* des pommes et des poires (*Tortrix pomana*). Cette petite chenille se trouve dans le fruit de la manière suivante : après la fécondation, le papillon femelle dépose un œuf dans l'œil du fruit nouvellement noué. Aussitôt éclose, cette chenille pénètre dans l'intérieur du fruit. Devenue plus forte, elle se creuse une galerie sinueuse allant du centre à la circonférence, où elle se ménage une ouverture pour ses excréments.

Les fruits ainsi attaqués continuent de grossir pendant un certain temps, mais ne tardent pas à donner des signes d'une maturité précoce ; ensuite ils se détachent et tombent ; à ce moment la chenille qui est arrivée à sa grosseur normale, sort du fruit pour se réfugier dans les écorces ; là, elle s'enveloppe d'une petite coque dans laquelle elle passe l'hiver. Au printemps suivant, elle se transforme en chrysalide et le papillon éclot en juin.

Comme moyen de destruction, il n'y a qu'à enlever les fruits véreux sur l'arbre et les écraser avec la chenille qu'ils renferment ; si l'on attend que les fruits grossissent, il est trop tard pour détruire cet insecte.

Maladies du Pommier

Les maladies du pommier sont presque les mêmes que celle du poirier. Les chenilles s'y tiennent peut-être davantage, à cause de son développement qui est plus grand que celui du poirier, ce dernier étant plutôt soumis à la taille que laissé libre. En plus des chenilles, le pommier est attaqué par un ennemi qui lui est particulièrement nuisible, le *puceron lanigère ;* ce nom lui a été donné à cause du duvet blanc et laineux qui le recouvre.

On prétend que ce puceron a été apporté d'Amérique en Angleterre dans un envoi d'arbres. Vers 1810 on le découvrait à Jersey et ensuite en Normandie. Vers 1820 on le signalait à Paris et, peu de temps après, il faisait son apparition dans nos pépinières de l'Anjou. Maintenant il existe partout. On le rencontre d'abord au collet de la racine, sur les branches et sur les rameaux. Pour ce puceron, comme pour beaucoup d'autres insectes, il n'y a guère de remède radical; cependant j'emploie avec succès l'essence de pétrole, et voici comment je l'applique : Lorsque les pommiers ont reçu la taille d'hiver, à l'aide d'un pinceau je badigeonne avec de l'essence de pétrole toutes les parties attaquées par le puceron ; si cette opération est bien faite, il est rare que le puceron reparaisse tout au moins pendant plusieurs années. Lorsqu'il apparaît de nouveau la même opération est à recommencer. Je suis même arrivé à guérir presque complètement certains jeunes plants; la seule précaution à prendre, c'est de découvrir le collet de la racine, de le nettoyer convenablement et le laisser sécher, afin que l'essence adhère mieux à l'écorce. Ne pas confondre non plus l'huile de pétrole avec l'essence; autant l'huile est mauvaise pour cette opération, autant l'essence est efficace.

Quant à l'anthonome du pommier (*Anthonomus pomorum*) qui est de couleur brune, il fait autant de ravage dans le pommier que l'anthonome du poirier en fait dans ce dernier; il faut employer les mêmes remèdes que pour le poirier.

Le pommier est attaqué également par l'*Ypnomeute cousine* (*Ypnomeuta cognotella*); ce papillon éclot en août et dépose bientôt ses œufs par plaques à la bifurcation des rameaux. Ils éclosent en septembre, et les petites chenilles passent l'hiver dans l'engourdissement, abritées par une petite toile de soie, d'où elles sortent en avril et mai ; elles se dirigent alors sur les jeunes bourgeons, les enveloppent d'une toile soyeuse et vivent en rongeant le parenchyme de feuilles ; l'arbre paraît parfois enveloppé d'une sorte de toile continue. Comme pour les chenilles du poirier, il faut les surveiller de près et les détruire le plus promptement possible.

Maladies du Pêcher

LA CLOQUE

De toutes les maladies du pêcher, la plus sérieuse est certainement la *cloque*. Celle-ci est causée par les changements brusques de température et les froids tardifs qui se font sentir au printemps ; c'est donc un refroidissement que subit l'arbre. Les feuilles qui en sont atteintes prennent d'abord une teinte d'un vert jaunâtre ; bientôt elles épaississent, se crispent, se boursouflent et finissent ensuite par tomber. Lorsqu'elles ne sont pas assez malades pour tomber, on est obligé de les enlever, en ayant soin de laisser le pétiole et même en ne coupant de la feuille que la partie atteinte, si elle ne l'est pas entièrement.

Lorsque le temps froid cause la cloque sur le pêcher, il est rare que les pucerons ne reviennent pas se loger dans les feuilles cloquées; dans ce cas, il faut avoir soin de faire des seringages au jus de tabac pour les détruire; car il ne faut pas confondre les pucerons avec la cloque, comme le font beaucoup de cultivateurs; s'il n'y avait pas de feuilles cloquées, il n'y aurait pas de pucerons.

On préserve le pêcher de la cloque en se servant d'abris pour le protéger contre les gelées; ordinairement, on emploie de la toile que l'on installe de manière à pouvoir couvrir les pêchers pendant la nuit, et les découvrir au lever du soleil; ce moyen seul peut empêcher les refroidissements et la cloque.

LA GOMME

La *gomme* cause également la perte des bourgeons du pêcher; elle se produit du reste sur tous les arbres à fruits à noyau.

Dans les jeunes arbres, la gomme est souvent le résultat d'une taille trop courte ou d'un pincement trop rigoureux: la sève étant repoussée brusquement dans un espace trop restreint déchire les tissus, fermente, entraîne la décomposition des parties environnantes et se fait jour à travers l'écorce.

Pour prévenir cet accident qui généralement se

produit le plus au début de la végétation et surtout après un premier pincement, il est bon de réserver sur chaque branche vigoureuse un certain nombre de bourgeons pour absorber suffisamment la sève, et l'on pratiquera l'ébourgeonnement, le pincement et la taille en vert avec modération, afin de parer à ces inconvénients ; c'est pourquoi je recommande de toujours pincer à différentes fois selon l'état du pêcher.

Une des causes de la gomme chez les pêchers est encore l'humidité du sol qui retient l'eau pendant l'hiver. Le sol restant froid jusqu'au moment de la végétation de l'arbre, ce dernier produit alors une sève fougueuse et se porte à gomme très facilement ; c'est ce qui arrive fréquemment dans notre contrée de l'ouest, où nos terrains sont généralement argileux et humides. Il faut, dans ce cas, se tenir en garde contre la gomme ; chaque fois qu'elle se produit sur une partie de l'arbre, il faut y remédier en élevant d'autres bourgeons pour remplacement.

Dans les vieux arbres, pour remédier à la gomme, on peut aussi, dès qu'on s'en aperçoit, enlever avec la serpette l'écorce et le corps ligneux attaqués par le mal, et toute la partie qui a pris une teinte rougeâtre, et recouvrir ensuite la plaie avec du mastic à greffer.

LE ROUGE

Le *rouge* est une maladie particulière au pêcher, contre laquelle on ne connaît pas de remède. Heureusement qu'il n'y a que quelques espèces susceptibles de l'avoir. Les arbres qui en sont atteints poussent mal et quelquefois pas du tout ; ils ne sont bons qu'à être remplacés.

LE BLANC

Le *blanc* sur le pêcher est un petit champignon du même genre que l'oïdium de la vigne et que l'on fait disparaître également par le soufrage.

Il y a un autre genre de blanc qui attaque les racines, et particulièrement les pêchers greffés sur amandier et sur franc ; du fumier employé trop frais au pied des arbres occasionne également ce champignon. Pour obvier à ces inconvénients, il est bon de n'employer, pour les pêchers comme pour tous les arbres à fruits, que du fumier entièrement consommé. Les grandes sécheresses suivies de pluies d'orages, ou bien des arrosements qui succèdent à une grande sécheresse, occasionnent aussi cette maladie ; aussi est-il préférable de ne pas attendre pour arroser les arbres que la terre soit complètement desséchée.

Maladies de la Vigne

LE MILDIOU

Le *mildiou* se manifeste à la face inférieure des feuilles, sous forme de taches d'un blanc pur, rarement un peu jaunâtre; ces taches se montrent primitivement le long des nervures ou bien à leur intersection.

Pour le détruire on se sert de différentes préparations ; les plus employées sont les suivantes :

1° La bouillie dite bordelaise ;

2° L'eau céleste (sulfate de cuivre ammoniacal).

La *bouillie bordelaise* est un des procédés le plus employé et se prépare de la manière suivante : on fait dissoudre d'une part, 8 kil. de sulfate de cuivre dans 100 litres d'eau; d'autre part, on prend 15 kil. de chaux grasse, en pierre de bonne qualité, à laquelle on ajoute peu à peu 30 litres d'eau ; il se forme un lait de chaux, plus ou moins épais selon la qualité de la chaux; on remue et on écrase les grumeaux; ces deux opérations faites dans deux récipients distincts, on verse avec lenteur le lait de chaux bien refroidi dans la solution de sulfate de cuivre, en ayant soin d'agiter convenablement le mélange. Il se produit alors une bouillie de couleur bleu ciel qui, par le repos, laisse un abondant précipité que l'on devra, en remuant, incorporer à la masse toutes les fois que l'on puisera du mélange dans le récipient.

L'application se fait au moyen du pulvérisateur; cet instrument a l'avantage de répandre uniformément le mélange à la surface des feuilles.

La première application doit se faire préventivement du 15 mai au 1er juin; la deuxième, quinze jours ou trois semaines après, et la troisième, s'il y a lieu, courant de juillet.

L'eau céleste n'est qu'une variante de la bouillie bordelaise, dans laquelle la chaux se trouve remplacée par l'ammoniaque liquide (alcali volatil).

Sa composition est représentée par la formule suivante : eau chaude 4 litres, sulfate de cuivre 1 kil., ammoniaque 1 litre 1/2.

Verser l'eau chaude sur le sulfate de cuivre, faire dissoudre celui-ci, puis ajouter peu à peu l'ammoniaque, en remuant avec soin; il convient d'étendre cette solution de 200 litres d'eau; pour l'application on se sert également du pulvérisateur.

L'OIDIUM

L'une des maladies fréquentes de la vigne, surtout dans notre contrée de l'Ouest, est l'*oïdium*. Cette maladie est due au climat humide; mais le soufrage bien appliqué la combat facilement.

On fait ordinairement trois soufrages : le premier se fait dès que les bourgeons ont atteint $0^{m}10$ à $0^{m}15$ de long, sitôt après l'ébourgeonnement ; le deuxième, lorsque la floraison est passée, et enfin le troisième, lorsqu'il y a lieu, vers la moitié du mois de juillet.

Tous ces soufrages doivent être faits par un beau soleil et un temps calme ; on doit éviter de les faire à l'approche d'une pluie, car le soufrage n'aurait aucun effet, et l'opération serait à recommencer.

LE KERMÈS

Le *kermès* se trouve généralement sur les vignes en Thomery ou en cordons contre les murs. Il faut avoir soin de badigeonner à la chaux tous les pieds de vigne qui en sont atteints. Cette opération doit se aire aussitôt la taille d'hiver. On trouve encore le kermès sur les vignes plantées dans les serres. Dans ce cas, on peut faire brûler du soufre dans les serres avant que la vigne entre en végétation ; ce remède est très bon.

LE PHYLLOXÉRA

Pour le phylloxéra, le vrai remède n'est pas encore trouvé, si ce n'est d'arracher les vignes qui en sont atteintes pour les brûler et les remplacer ensuite par des espèces greffées sur plants américains.

LA CHLOROSE OU JAUNISSE

Cette maladie est due à la souffrance des racines, soit que celles-ci soient en contact direct avec une humidité stagnante qui fait pourrir les racines, ou bien que le sous-sol soit trop pauvre ; dans ce cas il faut faire des drainages ou apporter des engrais.

CHAPITRE II

Multiplication de la Vigne

Ordinairement, pour les vignes françaises, on fait trois sortes de boutures : la *bouture semée*, la *bouture simple* et la *bouture sur talon.*

Bouture semée. — La bouture semée se fait lorsque l'on veut multiplier en très grande quantité. Ce mode de bouturage consiste à couper les sarments par longueur de $0^{m}03$, portant chacun un œil ; ces boutures sont semées à quelques centimètres l'une de l'autre, dans une plate-bande dont la terre est bien meuble et où l'on a préalablement tracé des rayons à $0^{m}30$ l'un de l'autre ; on recouvre ensuite de $0^{m}03$ à $0^{m}04$ de terreau.

Bouture simple. — Lorsque l'on veut faire des boutures, il faut tout d'abord choisir les sarments qui ont fructifié. La bouture simple se fait sur un œil, en prenant une longueur de $0^{m}40$ environ.

Bouture sur talon. — La bouture sur talon, qui se fait en prenant un sarment de $0^{m}40$ environ de longueur, consiste à conserver à la bouture toutes les rides de la base du sarment; de là lui vient le nom de talon. Ces rides donnent naissance à une agglomération de chevelu lors du développement.

Les boutures des cépages américains destinés à faire des porte-greffes, se font généralement de 0^{m}25 à 0^{m}30 environ en longueur, selon que les mérithalles sont plus ou moins distancés.

Les boutures de vignes françaises se font de février en mars selon que le temps est plus ou moins doux; aussitôt faites, on doit en faire de petits paquets de cinquante boutures et les mettre à stratifier dans du sable en les exposant au soleil et les plaçant de la manière suivante : on creuse une petite fosse de 0^{m}40 à 0^{m}50 de profondeur, on incline les boutures sous un angle de 45 degrés environ, en plaçant la tête de la bouture en bas et le talon en haut, de manière que celui-ci soit tout près de la lumière; on les recouvre ensuite de 0^{m}10 à 0^{m}15 environ de sable. Si la sécheresse survient, il faut avoir soin d'arroser le sable pour le tenir frais. Cette position renversée de la bouture facilite le bourrelet, et ensuite l'émission des racines. On opère de la même manière pour les plants américains, et on les greffe depuis mars jusqu'en mai, au fur et à mesure de leur végétation.

Pour les soins à donner aux boutures lors de la

mise en place, se reporter aux indications données page 43.

Pendant l'été, on devra faire autant de binages qu'il sera nécessaire, et des arrosements s'il y a lieu.

Pour faciliter tous ces soins, il faut disposer les boutures par carrés longs, ayant une largeur de 1^{m}60 avec un sentier de 0^{m}60. Les rangs seront à 0^{m}40 environ les uns des autres, et on laissera un espace de 0^{m}08 à 0^{m}10 entre chaque bouture.

De cette façon, on peut facilement faire les binages et donner tous les soins nécessaires aux boutures et aux greffes de la vigne.

CHAPITRE III

Pyramide à branches continues

Avant de commencer l'article sur les pépinières, je crois utile de donner ici la manière d'obtenir la pyramide à branches continues. Cette forme est utilement employée dans les terrains de qualité médiocre et ne donnant qu'une moyenne végétation aux arbres ; c'est en quelque sorte une pyramide qui, comme volume, tient le milieu entre la pyramide élevée par séries et la forme en colonne.

Figure 60. Pyramide à branches continues

Pour cette forme on ne fait pas de recepage ; un an après la plantation, on applique au sujet une première taille aux traits (fig. 60).

Puis, chaque année, on taillera les prolongements et la tige selon leur force, en ayant soin de conserver à l'arbre sa forme conique.

Je conseille cette pyramide, chaque fois que la végétation

d'un arbre ne permet pas de l'élever en pyramide par séries, cette dernière forme exigeant du sujet beaucoup plus de vigueur.

CHAPITRE IV

De la pépinière

Quelques mots maintenant sur la pépinière ne seront pas sans utilité. Lorsque l'on veut planter une pépinière, il faut d'abord défoncer le sol à 0^m50 environ ; il est bon aussi d'y enfouir des fumiers bien consommés pour faciliter la végétation des jeunes plants.

Les arbres en pépinière sont plantés selon la façon dont les labours doivent être faits, c'est-à-dire que pour les labours à la charrue on plante, règle générale, à 0^m70 ou 0^m80 de distance entre les rangs pour toutes les espèces d'arbres, tandis que pour les labours à bras d'homme on peut planter à des distances plus rapprochées. Quant aux distances entre les sujets destinés à ces plantations, on mettra 0^m25 entre les pommiers nains, 0^m40 entre les poiriers francs ou le cognassier, destinés à faire des sujets pour quenouille ou pyramide, et 0^m70 ou 0^m80 entre les arbres destinés à élever à tige, tels que les pruniers, abricotiers, cerisiers, poiriers, amandiers et pêchers.

La plantation des sujets en pépinière se fait de novembre à mars, selon que le terrain est plus ou moins meuble. Ces sujets sont généralement greffés en écusson dans l'année de la plantation et par ordre de végétation, en commençant par les cerisiers, abricotiers, poiriers, pruniers et pêchers ; ces derniers se greffent presque toujours les derniers, en septembre ordinairement, et les premiers se greffent à partir de fin juin.

Quant on veut élever ces sujets à tige avant de les greffer, au lieu de greffer les sujets dans l'année de plantation, on les laisse intacts, et on les recèpe à 0^m15 un an après la plantation.

Soins à donner aux tiges en formation

Au printemps qui suit le recepage, on choisit un bourgeon vigoureux, à 0^m10 environ au-dessous du recepage, que l'on accole contre l'onglet que donnent ces 0^m10 laissés au-dessus du bourgeon choisi pour la tige. Quant aux autres bourgeons, qui sont en plus de celui destiné à faire la tige, on devra les conserver et les pincer à quelques feuilles, afin d'aider la circulation de la sève ; un an après le recepage, la jeune tige aura une longueur de 1^m à 1^m20, elle sera laissée intacte. La deuxième année cette tige développera un prolongement, et en même temps de petites ramifications apparaîtront sur toute la tige ; la troisième année cette tige aura une hauteur de 2^m environ ; les ramifications seront alors taillées à quatre ou cinq boutons au lieu d'être supprimées, car ces boutons, en donnant naissance à de nouvelles feuilles et à de nouveaux bourgeons, donneront en même temps de la grosseur en diamètre à la tige. Nos pépiniéristes donnent à ces ramifications ainsi laissées le nom de *crochetons ;* ces crochetons de la tige sont enlevés graduellement, selon la formation de la tête.

Lorsque la tige est assez bien constituée pour recevoir un écusson, ce qui a lieu la troisième année, on pratique cette opération en été ; quand, au contraire, on greffe des cerisiers, soit en fente soit en greffe anglaise, on pratique ces greffes en automne et elles réussissent très bien.

Les poiriers, pruniers, pommiers, châtaigniers, que l'on greffe en fente ou en greffe anglaise, doivent être opérés de février à mars et par ordre de végétation ; ceux qui entrent en végétation les derniers seront greffés les derniers ; pour tous ces genres de greffes, on emploie du mastic à greffer.

Soins à donner aux greffes en écusson faites dans l'année de plantation

Au printemps qui suivra l'opération, cette greffe, si elle est bien prise, sera déliée si elle ne l'est déjà, car les écussons ont besoin d'être déliés dès que la soudure paraît bien faite, ou tout au moins lorsque les attaches paraissent gêner les écorces; le sujet greffé sera recepé à $0^{m}10$ environ au-dessus de l'écusson, et ces $0^{m}10$ serviront à accoler la jeune greffe et à la maintenir droite.

Au moment du bourgeonnement, si la greffe se développe bien, les bourgeons qui seront au-dessus seront supprimés; si, au contraire, le développement de la greffe se fait mal, on se contentera de pincer ces bourgeons sévèrement, tout en maintenant un appel de sève à l'aide des quelques feuilles des bourgeons qui resteront; puis dans une seconde opération, lorsque la greffe sera bien poussée, il faudra supprimer totalement les bourgeons qui auront été pincés.

Quant aux soins à donner aux jeunes greffes pendant la végétation, ils sont absolument les mêmes que ceux donnés aux tiges que l'on veut greffer à 2^{m} de haut.

Pour ce qui est des arbres destinés à faire des pyramides ou des formes en espalier, et qui sont généralement arrachés au bout d'un an de greffe, il n'y a qu'à les laisser libres. Certains pépiniéristes cependant pincent les greffes de poirier à $0^{m}35$ du sol, dans le but de faire naître des ramifications, afin que ces ramifications donnent une plus-value pour la vente de ces arbres. Quant à tous les autres arbres, ils sont généralement laissés libres pendant cette première année.

CHAPITRE V

Époque à laquelle on doit récolter les fruits à pépins

Généralement la cueillette des fruits est mal faite ; on ne tient nullement compte de leur maturité pour la faire, ou plutôt on ne sait pas à quelle époque récolter les différents fruits, de sorte qu'une variété de poire qui serait très bonne si elle était bien cueillie, ne vaut rien parce qu'elle l'est mal.

Il y a cependant une règle générale dont il ne faut pas se départir ; c'est de bien regarder l'époque de maturité et cueillir à cette époque. Pour ce qui est des fruits d'été ou de tous ceux qui mûrissent jusqu'à fin septembre, on pourra les cueillir huit à quinze jours avant leur maturité, c'est-à-dire avant qu'ils se détachent d'eux-mêmes ; car, pour les espèces mûrissant jusqu'en septembre, leur maturité varie suivant leur exposition ou le climat. Quant aux variétés mûrissant depuis octobre jusqu'en avril et mai, on doit les cueillir le plus tard possible; les fruits qui ne mûrissent qu'à partir de janvier à mai, pourront rester dans l'arbre jusque vers le dix novembre si les gelées ne font pas tomber les feuilles avant cette saison, sinon il faudrait les cueillir dès la chute des feuilles.

Les variétés mûrissant de fin octobre à fin décembre, devront être cueillies du quinze au trente octobre.

Par ce moyen on aura toujours de très bons fruits ; autrement le fruit cueilli trop tôt se ride et ne mûrit pas, de plus il n'a pas de saveur.

Conservation des fruits

La première condition pour avoir des fruits toute l'année, c'est de planter d'abord une certaine quantité de variétés d'arbres qui puissent donner des fruits à des époques successives, à partir de juillet jusqu'en avril ou mai.

Pour les fruits de première saison, qui mûrissent jusqu'à fin octobre, il n'y a pas lieu de s'en inquiéter pour la conservation ; mais pour ceux qui mûrissent de novembre à mai, il faut absolument les placer dans un endroit où ils puissent se conserver et arriver facilement à ne mûrir qu'à l'époque à laquelle ils doivent le faire ; il suffira pour cela de prendre les précautions suivantes : 1° les soustraire aux atteintes de la gelée ; 2° les mettre dans un local, appelé *frui-*

terie, recevant une température de 6 à 10 degrés (une température plus élevée hâterait trop la maturité) ; 3° la fruiterie doit être privée de l'action de la lumière ; 4° elle devra se trouver plutôt sèche qu'humide.

On trouve rarement des fruiteries bien installées ; les unes sont au grenier et les autres à la cave ; ce dernier endroit est certainement préférable s'il n'est pas humide, et l'on peut établir la fruiterie à la cave en y installant des tablettes en sapin suivant tout le pourtour destiné à recevoir les fruits.

Ces tablettes sont placées à 0m20 ou 0m25 les unes au-dessus des autres et ont une largeur de 0m50 ; seulement elles ne doivent pas être d'une seule planche ; il faut au contraire employer des planches d'une largeur de 0m10 à 0m12 et laisser entre elles un écart de 0m01 environ ; la largeur de 0m50 est nécessaire pour surveiller facilemant les fruits. On pourra donc établir des tablettes de bas en haut de l'appartement, autant que la hauteur le permettra ; sur ces tablettes on déposera les fruits de manière qu'ils ne se touchent pas.

On peut aussi, pour faciliter le placement des fruits, installer au centre de la fruiterie une grande table destinée à recevoir le fruit lorsqu'il arrive du jardin fruitier ; on choisit ainsi plus facilement les fruits pour les classer ensuite sur les tablettes. Ce classement devra se faire autant que possible par époque de maturité. Il serait nécessaire de visiter la fruiterie de temps à autre, afin de ne pas laisser les fruits se gâter. Les tablettes devront être garnies d'une petite couche de mousse bien sèche. Avec ces précautions les fruits pourront se garder jusqu'à la dernière saison.

Quant aux fruits de saison d'été, tels que prunes, pêches et abricots, on les cueille lorqu'ils semblent mûrs.

CHAPITRE VI

Mode de treillage

Pour toutes les formes en espalier, il faut établir des treillages contre les murs; c'est le meilleur moyen pour élever les arbres facilement et pour économiser la main-d'œuvre. Pour qu'il n'y ait pas de dépense inutile, je fais ou fais faire le treillage de la manière suivante : pour toutes les formes, palmette Verrier ou pour les petites formes verticales employées pour le poirier, je mets un écartement de 0^m30 entre les tringles; pour les pruniers, abricotiers et cerisiers, 0^m40. Par ce moyen, chacune des branches est relevée sur une des tringles du treillage.

Dans les formes verticales des pêchers, il faut placer les tringles à 0^m12 l'une de l'autre; comme il faut 0^m60 entre chaque branche de pêcher, celles-ci seront relevées de cinq tringles en cinq tringles; il en reste alors deux de chaque côté pour le palissage.

Ce genre de treillage ne nécessite l'emploi des baguettes que pendant un an ou deux pour la formation de l'arbre.

TREILLAGE EN BOIS POUR LES FORMES DE POIRIERS EN ESPALIER

les tringles sont à 0m. 30c. même distance que les branches.

TREILLAGE EN BOIS POUR PÊCHERS

les tringles sont à 0m 19c l'une de l'autre.

Quant aux contre-espaliers en plein air, on peut également faire un treillage économique, en établissant une charpente en fer, sur laquelle on fixe des fils de fer superposés à 0m40 environ les uns des autres ; sur ces fils de fer, on forme un treillage avec un écartement qui varie d'après les formes. Ce treillage est formé avec de fortes baguettes ou des tringles ; de préférence j'emploie des baguettes, car une fois que les arbres sont arrivés à leur complète formation, les baguettes ne sont plus utiles ; on palisse alors sur les fils de fer.

CHAPITRE VII

Du remplacement des arbres fruitiers et des divers soins à leur donner

Dans une plantation ayant déjà un certain nombre d'années, il arrive que quelques arbres ont besoin d'être remplacés ; quelquefois c'est la plantation tout entière qu'il faut renouveler. De tous les arbres fruitiers, le pêcher est celui qui demande le plus de précautions et de soins ; on pourra replanter avec succès, en prenant les précautions suivantes :

1° Enlever les treillages, et s'ils sont bons les repeindre pour les replacer ensuite ;

2° Recrépir le mur de la base au faîte ;

3° Remplacer la terre ancienne par des terres nouvelles.

Ce mode d'opérer peut d'abord paraître très coûteux, mais en agissant de la sorte, on peut être assuré du succès, tandis que si on se contente simplement d'améliorer les terres, on pourra replanter plusieurs années de suite, ainsi que je l'ai vu faire maintes fois, sans obtenir de résultat satisfaisant. On perd alors beaucoup de temps, et rien ne coûte si cher que le temps perdu.

Le pêcher, qui s'arrange de toutes les formes, demande cependant plus de soins qu'on ne lui en donne régulièrement, car l'aboriculteur qui généralement n'a pas toujours les arbres sous la main, ne peut veiller à toutes les opérations à faire en temps et lieu ; cette surveillance manque surtout à l'automne ; aussi arrive-t-il fréquemment que certaines parties se développent trop, tandis que d'autres restent faibles ; de là un grave inconvénient ; pour y obvier, voici comment je procède :

Comme la taille du pêcher ne se fait qu'en février ou mars, dès novembre, pendant le repos de la végétation et autant que possible avant les grands froids, je dépalisse tous les rameaux du pêcher, lesquels, étant exposés à l'air, mûrissent mieux, et je taille tous les rameaux gros ou gourmands à quatre boutons. Quand la sève entre en activité, elle se trouve ainsi refoulée dans les parties faibles, les fruits réussissent en plus grand nombre (effet du rognage avant les grands froids); ensuite, en février ou mars, je pratique la taille telle qu'elle se fait ordinairement à cette époque.

Les parties gourmandes ou trop fortes, qui ont reçu une première taille à quatre boutons à la saison d'hiver, en reçoivent une deuxième à deux boutons. Quand le printemps arrive, on voit les pêchers se développer à peu près régulièrement; c'est là le meilleur moyen pour équilibrer la sève dans toutes les parties de l'arbre.

Quant au remplacement du poirier, il suffit de faire un défoncement général, tel qu'il est enseigné pour le jardin fruitier-potager, en ayant soin toutefois de donner au terrain un amendement approprié au sol et d'employer lors de la plantation même des terreaux et d'y ajouter une certaine quantité de terres nouvelles.

Soufrage du Poirier

Depuis quelques années j'applique le soufrage avec succès et à deux fois différentes.

Le premier soufrage se fait aussitôt la fleur passée, de manière à recouvrir les petits fruits. Le deuxième se fait une quinzaine de jours après le premier et par un beau temps. Ces deux soufrages aident les fruits à s'attacher solidement à l'arbre et à se développer rapidement.

Arrosements

Les arbres soumis à la taille doivent, pendant la sécheresse, être arrosés copieusement de manière à tremper le sol ; ce travail doit être fait le matin pendant que le terrain est frais, les arrosements faits pendant la chaleur provoquant le développement du blanc sur les racines.

Pendant l'été, il faut avoir soin de couvrir le sol de fumier, afin de maintenir la fraîcheur au pied des arbres et d'atténuer les effets de la chaleur.

Quant au seringage à faire sur les arbres mêmes, on le fait le soir de préférence, afin que les feuilles et les fruits aient le temps d'en profiter pendant la nuit.

CHAPITRE VIII

Des outils propres à la taille des arbres

Les outils à employer, sont : la scie, la serpette et le sécateur. La scie est surtout employée pour supprimer les parties mortes.

La serpette est préférable pour la taille des jeunes arbres, surtout au moment de leur formation pour la coupe des prolongements ; plus tard, lorsque l'arbre est à l'âge adulte, le sécateur est plus avantageux et doit être préféré pour couper les grosses ramifications. Il faut, en arboriculture, comme en toutes choses, faire bien, mais surtout vite ; pour moi je trouve tous les outils également bons, lorsqu'ils sont bien conduits.

Instruments nécessaires pour les nivellements

Dans les travaux en général, l'instrument le plus utile est certainement le niveau d'eau, qui se compose d'un tube en zinc ou mieux en cuivre, recourbé aux deux extrémités ; à celles-ci sont adaptées deux fioles de verre transparent, dans lesquelles on met de l'eau. Le niveau de l'eau dans les deux fioles se met dans un plan horizontal, suivant la loi physique des vases communiquants. Le tout est supporté par un pied à trois branches.

En visant le niveau de l'eau dans les deux fioles, un objet, placé plus loin, qui se trouvera dans cette ligne visuelle, sera dit de niveau avec la surface de l'eau dans les tubes. En s'éloignant à 1^m de l'instrument, on observe facilement toutes les visées.

La mire est une règle de bois formée de deux tiges à coulisse; le long de cette règle, divisée en centimètres, on peut faire glisser une plaque carrée, en tôle, dont la face, tournée vers l'opérateur, est partagée en quatre carrés, dont on vise le sommet commun; ces carrés sont peints en rouge et en blanc.

Pour se servir du niveau, l'opérateur vise avec le niveau le milieu de la plaque, que le porte-mire fait glisser jusqu'à ce que ce milieu soit dans le prolongement de la ligne du niveau d'eau dans les deux fioles.

Arrivé à ce point, le porteur serre la vis qui fixe la plaque à la règle et lit la hauteur du point visé au-dessus du sol. La longueur de la règle est de 2^m et elle est formée de deux parties, dont l'une glisse dans une rainure pratiquée dans l'autre et se superpose à la première.

Opération. — Le nivellement simple consiste à observer, d'une même station, toutes les hauteurs relatives qu'on veut déterminer. On place, à cet effet, des piquets de 10^{m} en 10^{m}, dans la ligne même que l'on désire niveler; puis, de l'endroit où se trouve placé l'instrument, on vise tous les points où se trouvent les piquets; sur chacun de ces piquets, on fait une remarque, puis on note sur un carnet le niveau de chaque point observé.

Ensuite, ces points étant donnés, pour faciliter le travail des ouvriers, on se sert habituellement de mires plus petites, appelées vulgairement *nivellettes*.

Une telle mire se compose d'un petit support de 1^{m} ou 1^{m}50 de long, au bout duquel se trouve une plaque en bois de forme rectangulaire, ayant 0^{m}10 de large et 0^{m}20 de long, sur laquelle on marque les hauteurs données par le niveau d'eau. Ce moyen abrège de beaucoup le travail de l'ouvrier, en le conduisant sûrement à la ligne qu'il doit suivre comme niveau, sans avoir recours constamment au niveau d'eau.

CHAPITRE IX

Plantation des arbres forestiers et d'alignement, et soins à leur donner

Avant de planter, il est de la plus grande utilité de connaître la nature du sol, de choisir les variétés qui puissent s'y adapter et, de préférence, prendre des arbres de trois à cinq ans.

Ordinairement, on peut approximativement se rendre compte des espèces à planter, en examinant, si possible, l'essence d'arbres qui pousse le mieux dans les environs ; c'est un guide sûr, dont il faut toujours tenir compte.

De même que pour les arbres fruitiers, le terrain doit recevoir un défoncement général si l'on plante par groupe ; si, au contraire, la plantation doit se faire dans une avenue, on défoncera par tranchées, larges de 3^m et profondes de 0^m70 ou 1^m, selon la nature du sol, absolument comme je l'ai recommandé pour le jardin fruitier.

Lors de la plantation, on taille proprement les racines avec une serpette, en enlevant toutes les parties mutilées par la déplantation. La tige est laissée intacte. Quant aux branches latérales, on devra se contenter de les équilibrer, en supprimant sur les plus fortes une longueur proportionnelle aux plus faibles. Il faut aussi placer les tuteurs et les aligner avant de planter ; les arbres sont alors appuyés contre ces tuteurs, et les racines peuvent être disposées sans être gênées par le tuteur.

On doit aussi prendre le soin de soulever l'arbre, lors de la plantation, afin de faire pénétrer la terre entre les racines.

Au moment de la mise en place, il faut éviter d'attacher complètement les arbres aux tuteurs ; on ne le fait que provisoirement pour les soutenir, et on les attache légèrement, afin de ne pas empêcher le tassement des terres de se faire naturellement. Plus tard, lorsque la terre se sera affaissée, on attachera l'arbre en trois ou quatre endroits selon le besoin. Chaque année, on veillera à équilibrer les arbres, et l'on fera les binages et les arrosements chaque fois qu'il sera nécessaire, afin de donner aux arbres une bonne végétation.

Soins élémentaires à donner aux arbrisseaux d'ornement

Généralement, ces arbrisseaux sont abandonnés à eux-mêmes, ou bien ils sont taillés à une saison qui ne leur convient pas ; de là, une mauvaise floraison pour les arbustes à feuilles caduques, et souvent une perte de sève pour les arbustes à feuilles persistantes.

Tous les arbustes à feuilles caduques servent, en majeure partie, pour la décoration des parcs et jardins ; mais il faut pour cela leur faciliter la floraison ; pour obtenir ce résultat, il faut simplement ne les tailler qu'après la floraison ; il n'y a donc qu'à tenir compte de l'époque à laquelle chaque variété donne ses fleurs. La taille se fait successivement au printemps, selon l'époque de floraison de chaque variété ; on obtient ainsi de nouvelles ramifications qui, l'année suivante, donneront des quantités de fleurs. Quant aux arbustes à feuilles persistantes, dont un certain nombre ne fleurissent pas, si ce n'est quelques-uns d'entre eux, tels que les lauriers-tins et autres qui fleurissent sur les rameaux d'un an, ils seront également taillés après la floraison. En outre, tous les arbustes à feuilles persistantes, doivent être taillés de février en mars ; on se guide pour cela sur la température ; il n'est jamais prudent de faire l'opération pendant les grands froids.

Il est utile également de rajeunir de temps à autre tous les arbustes en général ; cette opération doit se faire tous les trois ou quatre ans, selon la nature des arbrisseaux. Elle consiste à supprimer le tiers ou la moitié de la hauteur et à nettoyer le bois mort s'il y a lieu, dans le but de renouveler complètement toutes les ramifications.

En général, quels que soient les soins et le genre de taille que l'on appliquera aux arbustes de tous genres, je recommande, tout particulièrement, de leur donner une forme à peu près naturelle ; ce n'est qu'à cette condition que l'on peut conserver le bon aspect des plantes et en recevoir toute satisfaction.

TABLE DES MATIÈRES

DEUXIÈME PARTIE

TROISIÈME PARTIE

Angers, imp. Germain et G. Grassin. — 1612-9).

www.ingramcontent.com/pod-product-compliance
Ingram Content Group UK Ltd.
Pitfield, Milton Keynes, MK11 3LW, UK
UKHW012205240726
13966UKWH00002B/593